KB069075

우산의 역사

- BROLLIOLOGY -

우산의 역사

A HISTORY OF THE UMBRELLA IN LIFE AND LITERATURE

로빈슨 크루소에서 해리 포터까지,
• 우리 삶에 스며든 모든 우산 이야기 •

매리언 랭킨 지음 | 이지민 옮김

☺ 문학수첩

빅독과

우산 사냥꾼들을 위해

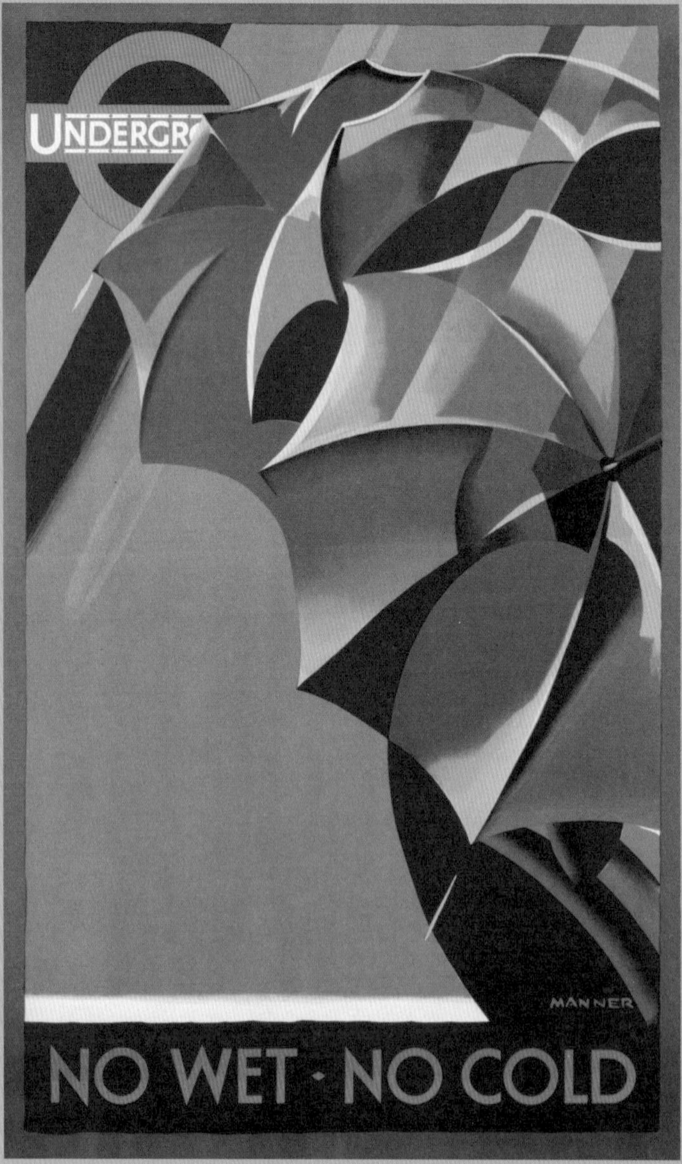
UNDERGRO
MANNER
NO WET · NO COLD

∾ 차례 ∾

서문 | 우산이라는 세계 11

1 | 차별화의 징표 17
2 | 평판 안 좋은 사물 53
3 | 피신처, 그늘, 방패 83
4 | 우산에 담긴 남과 여 113
5 | 손잡이 달린 모자 133
6 | 잊힌 사물과 끔찍한 윤리 157
7 | 우산의 초월성 187

종장 | 우산이 없다면 219

감사의 글 227
그림 및 사진 출처 229
참고 자료 235

~ BROLLIOLOGY ~

우산의 역사

A HISTORY OF THE UMBRELLA IN LIFE AND LITERATURE

로빈슨 크루소에서 해리 포터까지,
◆ 우리 삶에 스며든 모든 우산 이야기 ◆

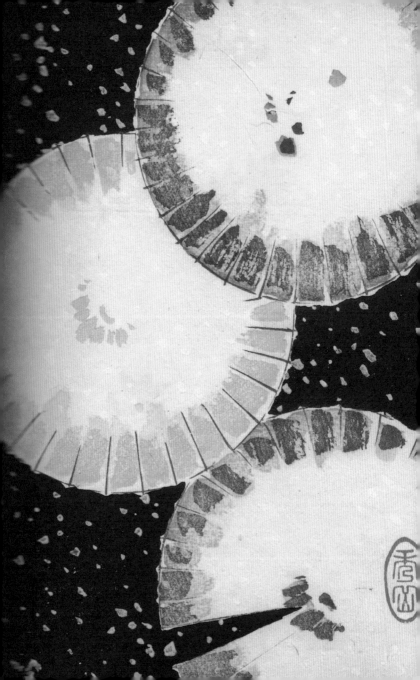

서문 | 우산이라는 세계

 굴뚝 아래로 내려갈 수는 있지만 위로 올라가지 못하는 것은 무엇일까? 초등학교 저학년 때 풀었던 수수께끼 중 나를 가장 오랫동안 사로잡은 질문은 바로 이것이었다. 정답은 바로 우산이었는데, 굴뚝에 우산을 꽂는다는 생각이 당시에는 재미있었던 것 같다. 펼쳐진 우산들이 마치 버섯처럼 굴뚝 꼭대기(내가 어릴 때에는 정말로 굴뚝이 있었는데, 꼭대기에 우산을 꽂고 싶은 유혹을 견디기란 쉽지 않았다)에 수없이 꽂혀 있는 이미지가 머릿속을 떠나지 않아서 그랬을지도 모른다. 아니면 우산에는 마치 꽃처럼 접히거나 펼쳐지는 두 가지 상태가 존재한다는 사실을 깨달았기 때문인지도 모른다. 이 두 가지 상태는 전혀 다르다. 접은 우산은 지팡으로 쓸 수 있지만 펼친 우산으로는 그럴 수 없다. 마찬가지로 접은 우산은 먹구름이 몰려올 때면 아무짝에도 쓸모가 없다. 우리가 이용하는 평범한 사물 중 시각적으로 이렇게 급격

옆쪽: 밤과 눈. 우산이 충돌하는 장면을 담은 20세기 초의 아름다운 일본 그림. 《예술의 바다(美術海)》 1호 수록.

한 변화를 겪는 사물이 또 있을까?

나는 이 같은 일상적인 변형이 '우산성umbrellaness/brollyness'의 매력이라고 생각한다. 우산은 분명 매력적이다. 지난 천년 동안 우리 인간은 우산을 사용하면서 이를 완벽하게 다듬고, 다양하게 장식해 왔다. 우산은 통치자, 족장, 왕, 여왕, 사제, 신, 귀족, 난봉꾼, 성직자, 상인, 수도승, 서기, 연인의 머리에 씌워졌으며 대나무, 종이, 고래수염, 철, 실크, 면, 알파카, 양단, 레이스로 만들어졌고, 보석을 비롯한 귀금속으로 치장되었다. 우산은 그저 아름답기 때문에, 또는 퍼붓는 빗속이나 휘몰아치는 눈 속에서 차분한 지점을 선사해 준다는 이유로 영화나 예술 작품에 무수히 등장했다.

우산은 글의 소재로서 폭넓게, 흥미롭게, 유쾌하게 사용되었다. 우산의 열렬한 지지자 몇 명은(그중 한 명은 자신이 활동하던 시대의 유명한 우산 제작자였다) 우산의 역사에 관한 기록을 남겼고, 어떠한 이들은 우산이 일상에서 우리의 관심 범위 안으로 슬쩍 들어왔다 나가는 것처럼 보통은 미묘하게, 가끔은 상징적으로, 어쩌다가는 획기적이고 대대적으로 자신의 글 속에 우산을 끼워 넣었다.

몇 년 전 나는 문학 작품에 등장하는 우산을 주제로 글을 쓰기로 결심했다. 당시 나는 에세이를 쓸 생각이었다. 내가 좋아하는 문학 작품 속 우산에 대해 간략하게 설명한 뒤 그 이야기에서 우산이 차지하는 역할에 대한 나의 생각을 덧붙일 예정이었다. 하지만 수많은 작품을 접하며 고대 이집트에서부터 오늘날 영국에 이르기까지 다양한 문화 속에 등장하는 우산의 역사에 대해 파고들다 보니, 에세이로는 턱없이 부족하겠다는 생각이 들었다. 우산의 역사는 깊고 광범위했으며, 우산의 의미와 상징은 시대와 장소에 따라 천차만별이었다. 문서를 접하면 접할수록 또 다른 책, 또 다른 각도, 또 다른 관점, 또 다른 차원으로 이어지는 단서들이 나타났다. 그 많은 자료를 에세이라는 협소한 형식 안에 전부 담을 수는 없었다.

내가 하려던 일은 영어권 문학에 등장하는 우산의 종류를 일일이 분류하는 작업이 아니었다.[1] 이는 방대한 작업이 될 게 뻔했고(가령 찰스 디킨스의 작품만 해도 우산에 대한 언급이 120번이나 나온다[2]) 계속해서 늘어 가는 나의 메모를 보면 불가능에 가까운 일이었다. 나는 단순히 문학 작품에 나오는 우산들에 매료된 것이

---

[1] 워런 모트의 《거울 응시하기(Mirror Gazing)》(2014)는 이러한 등장 사례 수집의 훌륭한 예다. 문학 작품에 등장하는 '거울 장면(등장인물들이 거울을 들여다보는 장면)'을 수집한 이 작품은 25년간의 독서를 바탕으로 다양하고 뛰어난 이해력을 보여 준다.

[2] 이 수치는 존 보엔의 《디킨스의 우산(Dickens's Umbrellas)》(2013)에 나온다. 이 책은 디킨스와 우산이 지닌 문학적 영향력에 관한 진정한 찬가다.

아니었다. 나의 관심은 현실 세계뿐 아니라 책 속에만 존재하는 기능적이고 개념적인 우주 안에서의 우산성이라는 '개념'에 있었다. 우산이라는 사물 그 자체(물론 아름답기는 하지만)가 아니라 그 뒤에 숨은 의미가 나를 사로잡은 것이다.

문학 작품 속에 등장하는 우산의 모습은 다양하다. 내 서재 바닥에 계속해서 쌓여 가는 작품들을 통해 나는 문학 작품 속에서 우산이 지니는 의미나 쓰임새를 발견할 수 있었다. 우리가 무언가에 대해 쓰는 방식에는 그것에 대한 우리의 생각과 부여하는 의미가 반영되기 마련인데, 이는 우산의 경우에도 마찬가지다. 내가 읽은 작품 속에는 꾸준히 기억되는 우산, 잊힌 우산, 공격적으로 휘두르는 우산, 부드럽게 휘두르는 우산, 전통에 반하는 우산, 전통을 지지하는 우산, 보호하는 우산, 상처 주는 우산, 등장인물의 사회적 입지를 그 어떤 요소보다도 잘 드러내는 우산, 빼고 논하면 서사 자체가 성립이 안 될 정도로 중요한 우산이 등장했다. 우산에 관한 책을 읽으면 읽을수록 나는 문학 작품 속에 우산이 등장할 때면 그 일상적인 역할과는 전혀 다른 성격을 지닌다는 것을 확신하게 되었다. 문학 작품 속 우산들은 신비롭고, 익살스러우며, (비)기능적이고, (비)실용적이며, 침입하는 성질이 있고, 경계에 놓여 있으며, 어떠한 경우에든 반드시 필요한 존재다.

이는 완성되지 않을, 완성할 수 없는 책이다. 내가 초고를 완성할 무렵 동료 한 명이 자신이 가장 좋아하는 문학 작품 속 우산은《마담 보바리》에 등장하는 우산이라고 말했다.《마담 보바리》라고? 내가 살펴본 문학 작품 중 귀스타브 플로베르의 것은 단 하나도 없었다. 나는 점심시간에 곧장 동네 중고 서점으로 달려가《마담 보바리》를 샀고, 그 책은 그 후로 몇 달째 내 침대 옆에 놓인 채 두 번째 초안에 들어가기만을 기다리고 있다. 이 과정은 끝도 없이 되풀이될 게 뻔하다. 이 세상의 많고 많은 책 중 고작 일부만을 살펴본 나는 (우주의 별들과 심해의 생물들처럼) 앞으로 살펴볼 우산이 이제껏 살펴본 우산보다 훨씬 많으리라고 확신한다. 하지만 이 책에서 소개하는 우산들은 내가 정말로 아끼는 것들이라는 점을 알아주었으면 한다. 이 책에 등장하는 우산들을 통해 나는 보잘것없는 우산에서 무궁무진한 의미를 발견할 수 있다는 사실을 알게 되었다.

1 | 차별화의 징표

런던의 뉴 옥스퍼드 스트리트와 블룸즈버리 스트리트가 만나 자동차로 발 디딜 틈이 없는 교차로에는 이 시대에 어울리지 않는 건물 한 채가 서 있다. 군주제 시대의 허접한 물건들과 싸구려 우산을 잔뜩 쌓아 놓고 파는 기념품 가게 맞은편에 위치한 건물이다. 그곳에서 오른쪽으로 조금만 걸어가다 보면 작고 허름한 식당들이 보이고, 왼쪽으로 조금 걸어가다 보면 코벤트 가든의 자갈 깔린 길이 나타난다. 그 건물은 빅토리아시대풍의 헤이즐우드 하우스Hazelwood House로 크림색 외관에 커다란 붉은색 글씨와 연철 장식품이 달려 있다. 특대형 사진과 시시각각 바뀌는 윈도우 디스플레이가 등장하기 전의 광고 양식이 고스란히 남아 있는 유물이라 하겠다. 건물에서 비죽이 튀어나온 철제 간판에는 "제임스 스미스 앤드 선즈 우산JAMES SMITH & SONS UMBRELLAS"이라고 쓰여 있으며 그 아래에는 붉은색 우산이 달려 있다. 손잡이는 없지만 누가 뭐래도 우산이 분명하다. 건물의 유리창 상단에는 이곳에서 판매하는 제품들이 적혀 있다. 레이디 엄브렐러, 트로피컬 선쉐이드, 가든 앤드 골프 엄브렐러, 젠틀맨 엄브렐러, 폭스 프레임, 골드 앤드 실버 마운터, 엄브렐러 리커버드, 레노베이티드 앤드 리페어드, 스틱스 리폴리시드, 라이딩 크롭 앤드 윕, 프레시 블랙손, 말라카 케인스, 라이프 프리저버, 데거 케인, 소드스틱 등등.

작은 가게의 문을 열고 들어서면 어두운 나무와 고리버들로 만들어진 다채로운 우산들이 단단히 접혀 있거나 아무렇게나 펼쳐져 있는 모습이 눈에 들어온다. 타탄 무늬가 느슨하게 그려진 날렵한 지팡이를 비롯해 우산대가 우아한 곡선을 그리며 위로 향하는 부케 같은 여성용 우산도 보인다. 지팡이의 손잡이 부분에 조각된 오리, 앵무새, 푸들, 그레이하운드, 복서, 스코티시테리어, 악어, 큰부리새, 숫양, 당구공, 셜록 홈스, 베토벤의 얼굴이 가게에 들어오는 손님을 무표정하게 바라본다. 곳곳에 자리 잡은 갈고리 모양 손잡이는 스타카토를 찍듯 가게 안에 리듬감을 부여하며, 벽 위쪽에 걸려 있는 엘크와 일런드(아프리카산 대형 영양─옮긴이)의 뿔은 상류층의 위엄을 더한다.

근처에 자리한 대영박물관이나 온갖 극장만큼 관광 명소로 유명한 〈제임스 스미스 앤드 선즈〉는 영국인들의 상상 속에서 우산이 지니는 지속적인 영향력을 보여 주는 산 증거라고 할 수 있다. 다시 말해, 우산은 몸이 젖는 것을 막아 줄 뿐 아니라 그것을 소지한 이의 패션과 훌륭한 취향을 보여 주는 차별화의 상징물인 것이다. 우산 제작자이기도 한 윌리엄 생스터William Sangster는 1855년 "산책길의 조용한 동반자인 우산이라는 친구의 가치는 이루 말할 수 없다"라고 열성적으로 말한 적이 있는데, 〈제임스 스미스 앤드 선즈〉에서 조금만 시간을 보내 보면 누구라도 그의 말에 공감할 것이다.

〈제임스 스미스 앤드 선즈〉는 1830년에 처음 문을 열었다. 우산 역사학자 T. S. 크로포드T. S. Crawford의 주장에 따르면 1830년은 우산 제조업이 어느 정도 수익을 낼 수 있는 사업으로 부상한 매우 중요한 해다. 1830년부터 1840년까지는 패션 업계에서 아주 중요한 시기였다. 패션 역사학자 아리엘 부조Ariel Beaujot는 《빅토리아시대의 패션 액세서리Victorian Fashion Accessories》(2012)에서 영국 역사를 형성한 중요 요소 두 가지를 꼽는데, 확실히 자리 잡은 중산층과 그로 인한 소비 증가다. 우산이라는 사치품은 본래 극상류층의 전유물이었다. 하지만 상대적으로 저렴한 고품질 유사품이 생산되자 중산층 역시 이 사치품을 누릴 수 있게 되었고, 우산은

When buying an
UMBRELLA
insist upon having a
FOX'S FRAME.
Fox's are the best!

1901년 폭스 우산살 광고(여우로 만들지는 않았다).

신분과 세련된 취향을 보여 주는 일종의 상징물이 되었다. 중산층은 우산을 사용함으로써 자신들이 노동자 계급과 다름을 보여 주고자 했는데, 보통 부인들이 남편의 수입을 자랑하기 위해 우산을 구입했다. 하찮은 제품에 돈을 탕진하는 행위는 한때는 (귀족의 또 다른 전유물인) 도덕적으로 타락한 행동으로 여겨졌으나, 우산을 구입하는 사람이 늘면서 생산이 증가하고 일자리가 창출되자 점차 사회에 기여하는 행위로 생각되었다.

　이 같은 현상은 우산 관련 산업의 변화에서도 엿볼 수 있다. 우산 수요가 급증하자 길모퉁이에 자리하던 행상인은 사라지고 가족 단위 기업이나 소규모 제조업체가 등장하기 시작했다. 기존에 사용되던 무겁고 부서지기 쉬운 고래수염 우산살은 (생스터에 의하면 "우산 업계 사상 최고의 발명품"인) 폭스의 파라곤 우산살로 대체되었다. 파라곤 우산살은 다리 건설 공법에서 영감을 받은 경량 철골 구조였다.[3] 윌리엄 생스터와 동생 존은 1851년 만국박람회에서 그때까지 사용되던 실크나 면 대신(실크는 비싸고 면은 다루기 불편했으며, 둘 다 내구성이 형편없었다) 알파카(생스터의 말을 빌리자면 "페루 양") 직물을 사용한 혁신적인 우산을 선보여 수상의 영예를 거머쥐었다. 1855년, 폭스 우산살에 알파카 캐노피를

3　구체적으로는 로버트 스티븐슨이 메나이 해협에 건설한 브리타니아 브리지에서 영감을 받았다. 관 모양으로 지어진 이 다리는 1970년 화재로 재건되며 관 모양이 제거되었다.

입힌 우산은 400만 개 가까이 팔려 나갔다.

우산은 남들과 다르다는 것을 보여 주는 상징물로 확고히 자리 잡았다.[4] 로버트 루이스 스티븐슨Robert Louis Stevenson은 짤막하지만 당돌한 에세이 〈우산의 철학The Philosophy of Umbrellas〉(1894)에서 "우산을 갖고 있다는 것은 넉넉한 부를 암시한다. (……) 우산을 들고 다니는 것은 신뢰감의 상징이다. 우산은 누구나 인정하는 사회적 신분의 지표가 되었다"라고 말한다. 조지 보로George Borrow는 1907년, 여행 에세이 《야생의 웨일스Wild Wales》에서 이렇게 말한다.

당신이 우산을 갖고 있다면, 어느 누구도 당신이 존중할 만한 사람이라는 데 이의를 제기하지 않을 것이다. 당신이 선술집에 들어가 맥주 한 잔을 달라고 하면, 술집 주인이 한 손으로 술을 내오며 다른 손을 내밀어 돈을 달라고 하지는 않을 것이다. 당신에게 우산이 있는 것을 본 주인은 당신에게 돈도 있을 것이라고 생각할 테니 말이다. 점잖은 사람이라면 길을 가는 도중에 당신이 말을 건다 해도 대화를 거절할 리 없다. 당신에게 우산이 있다면 말이다. 점잖은 사람이라면 당신에게 우산

---

4   우산이 그러한 상징물로 여겨지지 않는 경우는 2장을 참고하기 바란다.

이 있는 것을 보고 당신이 그에게서 그 무엇도 앗아 가지 않을 것이라고 생각할 터이다. 강도는 우산 따위는 갖고 있지 않으니 말이다. 오, 우산은 텐트이자 방패, 긴 창이자 신분증명서다. 우산은 인간의 가장 가까운 친구가 틀림없다.

보로가 활동하던 시대에 우산은 영국인의 드레스 코드로 확실히 자리 잡았다. 남성들은 보통 '도시 우산'을 쓰곤 했는데, 이를 두고 크로포드는 "매끈한 실크를 입힌 우산대를 단단히 접으면 중절모라는 왕관에 어울리는 위엄 있는 지팡이나 다름없다"라고 말했다.

크로포드가 왕권의 상징인 왕관이나 지팡이를 아무 생각 없이 인용한 것은 아니다. 사실 우산은 오랫동안 신분의 상징으로서 사용되어 왔다. 고대 이집트뿐만 아니라 고대 아시리아에서도 군주들은 햇빛을 차단하기 위해 우산을 썼다. 찰스 디킨스(아마도 문학 역사상 우산을 가장 많이 활용한 작가)는 주간지 《하우스홀드 워즈Household Words》에 우산에 관한 에세이를 실은 적이 있다. 이 에세이에서 그는 테베에서 찍은 에티오피아 공주의 사진을 언급하며 "공주가 타고 있는 이동 수단에는 우산이나 차양이 부착되어 있는데, 이는 스미스 부부가 일요일마다 에핑 포레스트로 나

아잔타 석굴 프레스코화 중 한 여성이 우산대가 긴 우산으로 그늘을 제공받고 있는 모습.

들이를 떠날 때 쓰곤 했던 마차용 우산과 상당히 비슷하다"라고 평했다.

1966년 다호메이 왕국(오늘날의 베냉)을 여행하던 리처드 버턴 경Sir Richard Burton이 목격한 바에 따르면, 그곳에서는 새로 취임한 군 지휘자에게 우산이 수여되었다고 한다. "우산은 해당 인물의 지위를 보여 주기 위해 비유적으로 사용되었는데 '일곱 개의 우산이 떨어졌다'는 것은 일곱 명의 지휘관이 사망했다는 의미였다." 에티오피아, 모로코, 서아프리카에서는 신분의 상징으로서 우산을 사용했는데, 특히 모로코에서는 수세기 동안 지도자와 그 직계 가족만이 우산을 쓸 수 있었다. "우산을 소유한 이는 자신이 원하는 대로 햇빛 아래 있을 수도, 그늘 안에 있을 수도 있다"라는 모로코의 오랜 속담을 통해 우산을 가진 자가 누리던 사치를 짐작할 수 있다.

아잔타 석굴에서 발견된 고대 프레스코화(기원전 2세기-서기

550년)는 인도에서 우산이 사용된 길고 독특한 역사를 보여 준다. 다른 나라와 마찬가지로 인도에서도 우산은 왕위를 상징했다. 1905년, 새뮤얼 퍼처스^{Samuel Purchas}는 무굴 황제에 대해 "그에게 그늘을 제공하기 위해 스무 개의 키타솔⁵이 동원되었다. 황제를 제외한 제국의 누구도 그 같은 차양을 이용하지 못한다"라고 기록했다. 군주만이(그것도 특별한 경우에만) 32개의 진주로 장식된 선홍빛과 금빛의 7단 양산 '나바단다^{nava-danda}'를 사용할 수 있었다. 나바단다의 우산살은 금으로 장식되었고, 손잡이에는 루비와 다이아몬드가 박혀 있었다.

1887년 인도를 방문한 영국의 왕세자는 어디를 가든 거대한 우산을 쓰고 다녀야 했다. 이는 태양의 열기를 차단하는 목적이라기보다는 인도인들의 머릿속에서 우산과 주권이 떼려야 뗄 수 없는 관계였기 때문이다. 아리엘 부조는 에드워드 왕자가 우산을 쓰지 않았다면 "곧 왕이 될 사람이 아니라 서양에서 온 하찮은 방문객" 정도로 여겨졌을지도 모른다고 말한다.

미얀마의 옛 수도 잉와에서 왕은 "흰색 코끼리의 왕이자 24개 우산의 영주"라고 불렸다. 13세기에 살았던 한 군주는 다섯 명의 아들 중 후계자를 고를 때 우산을 이용하기도 했는데, 아들들을

---

5 '키타솔(kittasol)'은 스페인어로 '햇빛 가리개'를 의미하는 퀴타솔(quitasol)이 변형된 단어다.

빙 둘러앉게 한 뒤 가장 믿음직한 아들 쪽으로 떨어지길 기도하며 우산을 던졌다. 크로포드에 따르면 그리하여 왕이 된 오크사나 왕자Prince Oksana는 "우산이 왕위에 앉힌 왕"으로 불렸다.

중국에서 우산을 사용한 증거는 수천 년을 거슬러 올라간다. 기원전 25년, 군 지도자였던 왕광王匡의 무덤에서 접을 수 있는 우산살이 발견되었는데, 비슷한 기술을 고안하기 위해 애쓴 18세기 영국 우산 제작자들이 보았더라면 감탄했음직한 작품이다. 한편 명 왕조(1368-1644)는 신분에 따른 정교한 우산 예법을 시행했다. 통치자는 커다란 붉은 비단 우산 두 개를 들고 다녔고, 최고위직 네 명은 붉은 비단으로 안감을 대고 3단 주름 장식을 단 검은색 우산을 들고 다녔으며, 낮은 계층의 양반은 같은 안감에 2단 주름 장식을 단 검은색 우산을 들고 다녔다. 평민 남성 중 가장 높은 두 계층은 조롱박 모양 주석 손잡이가 달린 붉은색 우산을 썼으며, 그 아래 두 계층의 평민 남성은 동일한 우산에 붉은색 나무 손잡이가 달린 우산을 썼다. 다섯 번째 계층인 평민 남성은 2단 주름 장식에 붉은색 손잡이가 달린 푸른색 천 우산을 썼다. 천민은 천이나 비단 우산을 쓸 수 없었기 때문에 튼튼한 종이로 만든 우산으로 만족해야 했다.

일본에서도 계급에 따라 우산의 색상 및 종류를 제한하는 복

인도 왕족이 사용하던 화려한 우산. 정교하게 직조되었으며 은으로 만든 우산대가 돋보인다.

잡한 규칙이 적용되었다. 그러다가 17세기 말에 부유한 도시 거주민들이 얇은 종이와 대나무에 옻칠을 해 비에 견딜 수 있도록 만든 일본식 우산 '와가사和傘'를 이용하기 시작했다. 이 우산은 폭발적인 인기를 끌었으나 19세기 말 서양 우산이 도입돼 지속적으로 인기를 모으자 전통 우산 제작은 사양 산업이 되었다.[6]

빅토리아시대 영국에서 우산은 그 인기가 하늘을 찔렀고, 전쟁터에까지 지참하는 물건이 되었다. 크로포드의 말에 따르면 나폴레옹 전쟁 기간 동안 "땅은 기병, 휴대 장약, 우산으로 뒤덮였다." 이 모습에 프랑스 군대는 어안이 벙벙해졌는데, 이를 두고 한 프랑스 중장은 이렇게 적었다.

비가 내렸고 영국 장교들은 말에 올라탄 상태였는데, 모두 한 손에 우산을 들고 있었다. 내가 보기에는 정말 터무니없는 모습이었다. 영국 군대는 일제히 우산을 접어 안장에 걸고 군도를 뽑아들더니 우리 측 유격병을 향해 돌진했다.

---

6 이 부분에 관해 궁금한 이들은 스테판 쾰러(Stephan Köhler)의 1993년 에세이 〈사적인 하늘의 창시자(Parents of Private Skies)〉(줄리아 미치의 《비와 눈: 일본 예술 작품에 나타난 우산(Rain and Snow: The Umbrella in Japanese Art)》 수록작)를 참고하기 바란다. 저자는 일본 기후현에서 전통 우산을 생산하는 우산 장인들을 찾아간다. 전통 우산을 제작하는 과정은 정확하고 정교하며, 대부분 연로한 장인들의 손을 거친다. 20년 후 안타깝게도 자취를 감출 수밖에 없던 이유다.

전쟁터의 상황은 로버트 루이스 스티븐슨 경의 귀에 도달하지 못했나 보다. 〈우산의 철학〉에서 그는 우산을 소유하는 자는 평화주의자일 거라고 태평하게 말한다.

(고래수염, 실크, 지팡이로 만든, 현대 산업의 축소판이라 할 만한 복잡한 물건인) 우산을 소지한 사람은 평화를 지지하는 사람이 틀림없다. 반 크라운짜리 지팡이로는 상대가 조금만 신경을 거슬리게 해도 머리를 휘갈길 수 있겠지만, 620실링짜리 실크 우산은 전쟁터에서 사용하기에는 너무 귀한 물건이다.

한 일화에 따르면 케임브리지 공작이 거대한 우산 아래서 쉴 곳을 찾았을 때, 그의 군대가 다음과 같이 노래하기 시작했다고 한다.

우리는 싸우고 싶지 않다네.
하지만 결단코 우리가 싸운다면
우리에게는 케임브리지 공작과
그의 우산이 있다네!

맥주 한 잔 값에 우산을 살 수 있는, 수없이 많은 우산을 잃어 버리고도 아무런 죄책감을 느끼지 않는 지금 같은 시대에는 한때 사람들이 이 물건에 얼마나 많은 가치를 투자했는지 상상도 할 수 없을 것이다. 1910년에 발행된 E. M. 포스터^{E. M. Forster}의 소설 《하워즈 엔드^{Haward's End}》에 등장하는 서기, 레너드 바스트 같은 캐릭터를 한번 보기 바란다. 콘서트를 관람하는 동안 안타깝게도 우산을 도난 당한 레너드는 공연에 집중하지 못한다.

그는 잃어버린 우산 생각에서 벗어날 수 없었다. 그렇다. 우산 이 문제였다. 모네와 드뷔시가 지나간 뒤에도, 우산은 계속 울 리는 북소리마냥 끈질기게 머릿속에 남았다. "우산은 잘 있을 거야." 그는 생각했다. "정말 신경 안 써. 음악에 집중해야지. 우산은 무사할 거야."

한편 메리 포핀스는 비가 오든 말든 은행가 뱅크스 가족의 아 이들과 모험을 떠날 때마다 우산을 들고 다닌다.

메리 포핀스는 하얀 장갑을 끼고 우산을 겨드랑이 사이에 끼 웠다. 밖에 비가 오고 있지는 않았지만, 우산 손잡이가 너무

옆쪽: 거대한 우산을 쓰고 있는 케임브리지 공작 조지 왕자의 캐리커처.

아름다워서 집에 두기에는 아까웠던 것이다. 손잡이가 앵무새 머리 모양으로 조각된 우산이 있다면 누군들 가지고 나가서 자랑하고 싶지 않겠는가?

로알드 달^{Roald Dahl}의 단편 〈우산 쓴 노인^{The Umbrella Man}〉(1980)에는 런던을 방문한 모녀가 갑자기 폭우를 만나 발이 묶이는 장면이 나온다. "품위 있고 옷도 잘 차려 입은" "진짜 신사"처럼 보이는 노인이 최소 20파운드는 나갈 듯한 큼지막한 실크 우산을 쓰고 모녀에게 다가온다. 그런데 그 노인이 지갑을 집에 두고 왔으니 집에 갈 택시비를 빌려 달라고 하는 게 아닌가. 여자는 갑자기 노인이 수상쩍어졌다. 노인이 자신의 우산을 단돈 1파운드에 주겠다고 제안하자 의심은 더욱 증폭된다.

"우산이 정말 예쁘죠?" 작은 노인이 말했다.
"네, 그래 보이네요." 엄마가 대꾸했다.
"실크랍니다." 노인이 말했다.
"그렇군요."

작은 노인의 우산은 사회적인 화폐로도, 실제 화폐로도 사용될 만큼 가치 있는 물건이었다. 고품질의 우산은 스티븐슨이 말한 "신뢰감의 상징"으로, 사회적 지위를 보장해 주는 지표나 마찬가지였다. 그리하여 여자는 노신사가 선금으로 제시한 우산을 기꺼이 받아들고 그가 제안한 거래도 흔쾌히 수락한다.

우산의 이 같은 가치는 조지 허버트 로드웰George Herbert Rodwell의 《우산 회고록Memoirs of an Umbrella》(1847)에도 등장한다. 사회적 지위는 높지만 도덕적으로 타락한 인물인 허버트 트레빌리안은 새로 알게 된 스투터스 씨의 환심을 사기 위해 우산을 선물한다. 그 순간 우산을 선물로 주는 행위는 무언가 꿍꿍이가 있는 것 아닐까 하는 의심을 살 수 있는 행위가 되어 버린다. 스투터스 씨는 상대의 의도를 즉시 간파한다. "나는 우산을 빌려 달라고 했을 뿐인데 그는 나더러 그 우산을 가지라고 했다. 별일 아닌 것처럼 보이지만 이는 내게 의무를 지도록 만들겠다는 욕망의 표현이다."

우산의 가치를 비롯해 사회적 신분을 보여 주는 지표로서의 역할은 예술 비평가 브라이언 슈얼Brian Sewell이 남긴 단 한 권의 소설 《흰색 우산The White Umbrella》(2015)에서 확연히 드러난다. 상냥하지만 약간 제정신이 아닌 부유한 영국 신사 'B 씨'는 파키스탄에서 촬영을 하던 도중, 페샤와르 거리에서 학대 당하고 있는 어린 당나귀를 구출하기로 마음먹는다. 역사가였던 그는 촬영 스태

프들을 그대로 둔 채 당나귀를 데리고 윔블던 저택으로 돌아간다. 어린 당나귀를 안전하게 이송하기 위해 걷기도 하고 자동차나 트럭, 기차를 비롯해 온갖 교통수단을 이용하는 그는 이동하는 내내 우산을 손에서 놓지 않는다. 왜냐하면 이 우산은

평범한 우산이 아니다. 튼튼한 지팡이만큼이나 무거운 재료로 정교하게 만든 철제 우산살에 튼튼한 흰색 천을 입힌 것으로, 10년 전 〈제임스 스미스 앤드 선즈〉에서 특별히 제작한 우산이다. (⋯⋯) 천은 더 이상 흰색이 아니다. 이 우산은 B 씨가 선사시대 인간의 흔적을 찾아 사하라 사막을 건너며 모래 폭풍을 맞을 때도 함께했으며, 폼페이를 비롯해 저 멀리 시칠리아, 바르셀로나에서 바그다드에 이르기까지 안 가 본 곳이 없는 우산계의 롤스로이스다.

B 씨의 손에 들린 흰색 우산은 쓰임새가 한두 가지가 아닌데, 당나귀 파블로바와 그에게 쏟아져 내리는 햇빛을 차단하기보다는 주로 부유한 영국 신사라는 그의 신분을 보여 주는 데 쓰인다. 고된 여정 내내 가난뱅이로 보일 뻔한 그를 구해 주는 것은 우산뿐이다. "그는 부랑자가 된 기분이었다. 떠돌이마냥 꾀죄죄했다.

누가 그를 부랑자로 생각하지 않았다면, 그건 그가 걸친 옷과 근사한 우산 덕분이었다."

하지만 여정이 지속될수록 우리는 B 씨가 값비싼 우산을 집에 두고 오는 편이 낫지 않았을까 생각하기 시작한다. 험난한 도로에서 당나귀와 B 씨를 태워 준 운전사는 대화 도중 B 씨가 영국인이라고 확신한다. B 씨가 어찌 알았는지 묻자 운전사는 웃으며 "우산 때문이지요"라고 대답한다. 독자는 바로 여기서 우산의 흰색과 B 씨의 피부색이 미묘하게 비슷하다는 사실을 간파한다. 알고 보니 밀수꾼이었던 운전사는 아무것도 모르는 B 씨를 밀수 작업에 이용한다. 그 후에 만난 또 다른 사람은 B 씨에게 "(화려한 우산이 적나라하게 말해 주듯) 부유한 영국인이 그렇게 돌아다니면서도 목숨을 잃지 않았다니 운 좋은 줄 알라"고 말한다.

우산이 개인의 부를 보여 주는 기준임을 직접적으로 언급하는 대사다. 우산이 왕족이나 귀족의 전유물이던 역사를 생각할 때, 계층을 암시하는 지표로 사용되는 것은 놀랄 일도 아니다.

《하워즈 엔드》만큼 우산이 계층의 상징으로서 명징하게 드러나는 문학 작품도 없다. (부유한) 헬렌 슐레겔은 앞서 언급한 연주회 도중 베토벤 작품 연주에 압도되어 연주회장을 나서기로 하는데, 그만 (전혀 부유하지 않은) 레너드 바스트의 우산을 실수로 가져가 버린다. 헬렌과 친분이 없던 레너드는 헬렌이 자신의 우산을 일부러 가져갔다고 생각한다. 헬렌의 언니 마거릿은 그에게 우산을 돌려주기 위해 주소를 가르쳐 달라고 최대한 친절하게 말하지만, 돌아오는 건 차가운 대답뿐이다.

이 어리석은 청년은 마거릿과 헬렌이 자신을 속였으며, 집 주소를 가르쳐 주면 한밤중에 자신의 집에 쳐들어와 그의 지팡이도 훔쳐 갈 것이라고 생각했다. 다른 여자들이라면 웃어넘겼겠지만 마거릿은 신경이 쓰였다. 그 안에서 누추함을 엿보았기 때문이다. 사람을 믿는 것은 부자만이 누릴 수 있는 호사다. 가난한 이들에게는 그럴 여유가 없다. 브람스가 불평을 마치자, 마거릿은 그에게 명함을 내밀며 말했다. "저희 집 주소예요. 원하신다면 연주회가 끝나고 함께 가셔도 좋아요. 하지만 저희 잘못인데 번거롭게 해 드리고 싶지는 않네요."

하지만 레너드 바스트는 우산을 직접 가지러 가고 싶어 한다. 마거릿과 그녀의 남동생 티비와 함께 그들의 집으로 돌아가는 길, 우산 때문에 벌어졌던 그들 사이의 간격은 아름다움과 문화에 대한 얘기가 이어지자 더욱 멀어지고 만다. 마거릿이 문학과 예술, 음악에 관해 얘기하기 시작하자 그들이 각기 누리는 교육이나 자유 시간의 차이가 극명하게 드러났기 때문이다.

마거릿의 말이 새 떼처럼 그에게서 날아갔다. 자신이 이렇게 말할 수 있었다면 이 세상을 가질 수 있었을 텐데. 아, 교양을 누릴 수 있다면! 아, 외국 이름을 제대로 발음할 수 있다면! 아, 저 여인이 어떠한 얘기를 꺼내더라도 쉽게 맞받아치며 대화를 나눌 수 있다면! 하지만 꼬박 1년이 걸릴 터였다. 점심 한 시간, 저녁나절의 산만한 몇 시간만으로 어떻게 어릴 적부터 꾸준히 독서를 해 온 이 유한 계급 여자를 따라잡는단 말인가?

헬렌의 집에서 레너드 바스트는 우산을 잃어버렸을지도 모른다는 상실감에 젖어 있는데, 우산이 너무 많아 어떤 것이 자신의 우산인지조차 모르는 헬렌은 아무렇지 않게 자신이 우산을 훔쳤다고 농담을 던진다.

"아, 정말 죄송해요!" 헬렌이 소리쳤다. "저는 항상 우산을 훔치거든요. 정말 죄송해요! 들어와서 골라 보세요. 손잡이가 구부러졌나요, 아니면 울퉁불퉁한가요? 제 우산은 그렇거든요.

어쨌든 제 생각에는 그래요."

불이 커지고 사람들이 복도를 살펴보기 시작했다. 헬렌은 짧고 날카로운 목소리로 주절댔다. (……)

"이 우산은요?" 헬렌이 우산을 펼쳐 보았다. "아니네요. 이건 솔기가 전부 해졌어요. 흉한 걸 보니 제 우산인가 봐요."

하지만 그건 그의 우산이었다.

레너드 바스트의 우산은 소설 전체의 뼈대가 되는 것 이외에도 (교육과 예술을 비롯해 이 둘을 추구할 시간을 갈망하는 하층민인) 그를 (이 세 가지를 전부 누리며 걱정거리라고는 그의 방문이 상기시킨 "고블린의 발소리"뿐인 상류층 여인) 헬렌과 구분 짓는 모든 것을 상징하며 다음을 상기시킨다.

가능한 최선의 세계라 할지라도 모든 것이 최선은 아니라는 것, 부와 예술로 이루어진 상층 구조 아래에는 영양이 결핍된 한 청년이 우산은 찾았으나 주소나 이름도 남기지 않은 채 정처 없이 걷고 있다는 것을.

이 단 한 번의 만남으로 재앙이 뒤따른다. 이는 자매가 레너드의 안녕에 관해 베푼 배려 때문이기도 하지만, 슬픈 진실 때문이기도 하다.

> 하지만 [바스트의] 시대에는 민주주의의 천사가 나타나 가죽 날개로 온 계급을 품으며 "모든 사람은 평등하다, 우산이 있는 모든 사람은!"이라고 소리쳤다.

하지만 레너드 바스트의 "흉한" 우산은 우산을 소유한 사람들조차도 동등하지 못하다는 사실을 보여 준다. 19세기 영국의 우산 문화에 관한 아리엘 부조의 광범위한 조사 자료에 따르면, 우산을 소유한 사람들 사이에는 명확한 위계질서가 존재했다. 검은 '도시 우산'은 (거의) 모든 사람이 이용할 수 있었지만 우산의 재료와 상태에 따라 사회적 신분의 차이가 명백히 드러났다. 실크 우산은 귀족의 전유물이었다. 그보다 낮은 계층은 면(이나 앞서 언급한 알파카)에 만족해야 했다. 손잡이의 소재 역시 소유자의 수입을 보여 주었으며, 우산을 얼마나 자주 수선할 수 있는지 여부가 직물이나 솔기의 상태에서 자명하게 드러났다.

우산을 마는 방식조차 개인의 사회적 지위를 상징하는 지표로 여겨졌다. 실크는 저렴하고 부피가 큰 면보다 깔끔하게 말렸고, 그 외에 볼썽사납게 접힌 우산들은 제대로 접지 못하는 불운한 주인 탓으로 여겨졌다. 1900년 "당신의 우산을 접을 수 있습니까?"라는 기사를 쓴 허버트 하워드 Herbert Howard는 이 같은 특징을 몇 가지 나열한 바 있다. "단정치 못한, 꼼꼼하지 못한, 서두르는, 성마른, (……) 부주의한." 〈생스터 앤드 코 Sangster & Co.〉는 그러한 판단의 대상이 되지 않도록 우아하게 우산을 접는 방법을 적어 고객들에게 나눠 주기도 했다.

계층과 문명의 상징인 제대로 접은 실크 우산의 대척점에는 눈이 멀 정도로 뜨거운 섬에 갇힌, 문학 역사상 가장 유명한 조난자의 우산이 있다. 1719년에 출간된 대니얼 디포 Daniel Defoe의 소설 속 주인공 로빈슨 크루소는 무인도에 갇히자 생존에 도움이 되는 다양한 장치를 만들기 시작하는데, 그중 하나가 우산이다. 로버트 루이스 스티븐슨은 크루소의 우산이 "교육 받은 문명인의 마음에 내재된 [우산을] 갈망하는 욕구"를 보여 주는 증거라고 주장한다.

후안 페르난데스섬의 뜨거운 태양이 그가 색다른 사치품을 선택한 이유를 충분히 설명해 줄지 모르지만, 열대 지역에서 수년 동안 고된 뱃노동을 견딘 사람이라면 '합법적'이며 평화로

말끔하게 접혀 적절한 가격표가 붙은 우산들. 〈펜 숍(The Pen Shoppe)〉, 브리즈번.

운 누드 금요일로 스스로에게 보상을 하는 편이 나을지도 모른다. 하지만 그렇지 않았다. 사라진 문명을 향한 향수는 외면적 표지물을 원했고, 그 결과가 바로 우산이었다. 경건한 조난자라면 종탑을 만들어 일요일 아침 교회 종소리를 흉내 내며 위안 삼았겠지만, 크루소는 경건한 체하기보다는 군자인 체하는 사람에 가까웠다. 잎으로 만든 그의 우산은 역경 속에서 스스로를 표현하기 위해 고군분투하는 문명화된 사고방식의 훌륭한 사례다.

크루소는 잎이 아니라 짐승의 가죽으로 우산을 만들었다. 또한 무겁고 다루기 힘든 데다 고약한 냄새를 풍기는 물건이 외딴 섬에서 문명과 품위를 상기시킬 수 있다는 주장은 설득력이 다소 떨어진다. 하지만 나는 스티븐슨이 이 에세이에서 허튼소리를 했을 거라고 생각하지는 않는다.[7] 그리고 많고 많은 곳 중 현대 소설에서 그의 예상치 못한 지지자가 등장한다. 윌 셀프Will Self의 소설 《우산Umbrella》(2012)에 나오는 오드리 데스의 연인이자 열렬한 사회주의자인 길버트 쿡이 바로 그 지지자다. 그는 이렇게 말한

7　스티븐슨의 메모에 따르면 "이 책은 제임스 웨이터 페리어와 공동 집필했다. 재출간된다면 이 부분이 언급되어야 할 것이다. 물론 그의 주된 업무는 편안한 의자에 앉아 웃는 게 다였지만 말이다."

다. "전형적인 소시민 크루소가 조난되자 가장 먼저 만든 도구는 우산이다!" 동기가 무엇이었든 크루소의 우산은 독자들에게 큰 인상을 남겼고, 결국 하나의 용어로 자리 잡는다. "로빈슨"은 한동안 우산을 상징하는 인기어가 되었다.

포스터가 제시한 "민주주의의 천사"와 크게 다르지 않은 소시민적인 우산에 관한 길버트 쿡의 주장은 당시 우산 제작 실태와 밀접한 관련이 있다. 당시의 열악한 우산 제작 상황은 우산을 들고 다니는 사람과 제작하는 사람 간의 확실한 계급 차이를 낳았다. 찰스 디킨스^{Charles Dickens}는 에세이 〈우산^{Umbrellas}〉에서 우산 하나를 만드는 데 들어가는 인력의 비용을 장황하게 기록한 바 있다. 나는 이 부분을 상세히 인용하고자 한다. 산업화 시대 이전에 우산이 제작되는 과정을 엿볼 수 있기 때문이다.

작업자는 창고에서 우산대, 우산살, 스트레처, 러너를 조달받는다. 철선과 황동판은 물론 작업장에 놓인 쇠그물, 톱, 국화형 커터, 드릴, 칼, 바이스, 펜치를 비롯한 기타 도구는 그가 직접 구비한 것이다. 그와 (두 명에서 네 명 남짓한) 조수들은 작업에 착수한다. 우선 우산대를 정해진 길이로 자른다. 우산 꼭지를 꽂을 수 있도록 한쪽 끝을 가느다랗게 깎고, 우산을 접고

펼 때 필요한 용수철 두 개를 끼워 넣기 위한 홈을 두 개 판다. 그다음에는 이 홈에 용수철을 끼워 넣고 경사가 너무 가파르지 않도록 철선의 마개를 조정한 후 ㄷ자 모양 철심으로 양끝을 고정한다.

우산대가 마무리되면 이제 우산살을 만들 차례다. 작업자와 조수들은 고래수염을 가늘게 깎아 우산살 형태로 만든다. 원하는 모양대로 깎고 표면을 매끄럽게 만든 뒤 광택제를 바른 다음에는 커버를 쉽게 고정시킬 수 있도록 우산살에 구멍을 뚫는다. 끝부분을 원하는 모양대로 깎아 매끄럽게 다듬고 황동판을 두른 다음 힌지가 될 철사를 넣기 위해 구멍을 뚫는다. 스트레처를 채워 넣을 중간 부분에도 비슷한 구멍을 뚫은 뒤 작은 철사로 스트레처를 부착한다. 여덟 개의 우산살을 전부 이런 식으로 만든 다음에 하나씩 무게를 재거나 한꺼번에 무게를 잰다. 여덟 개의 우산살이 거의 동일하게 만들어졌는지 확인하기 위해 내구성과 탄력성을 점검한다. 그래야 우산을 펼쳤을 때 좌우 대칭이 맞기 때문이다. 여기까지 완료했으면 우산살을 꿰는 작업에 들어간다. 각 스트레처에 미리 뚫어 둔 구멍으로 철사를 끼워 넣고, 이 철사를 이용해 슬라이드의 홈에 스트레처를 고정시킨 다음 다른 철사를 가져와 이 둘이 만나는 지점에 우산살을 고정시킨다.

실로 어마어마한 양의 노동이다. 디킨스는 우산 한 개를 제작하면서 받는 3파딩(페니의 4분의 1에 해당하던 영국의 옛 화폐—옮긴이)을 "터무니없이 낮은 보수"라고 했다.[8] 조수 네 명을 데리고 일할 경우 우산 제작자는 일주일에 약 600개의 우산을 만들 수 있다. 그 대가로 많아 봤자 600펜스[9] 정도 받게 되는데 상당 부분을 철선과 황동판 구입비[10]로 지출해야 한다. 우산 제작자의 낮은 수익을 두고 디킨스는 이렇게 말한다. "비 때문에 우산을 펼쳐야 할 때면 그 뼈대를 한번 살펴본 뒤 고작 1, 2페니[11]를 받고 일하는 이들의 노동을 생각해 보기 바란다."

50년 후 오드리 데스가 사는 런던에서는 〈토머스 인스 앤드 코이Thomas Ince & Coy〉에 공급할 우산을 만들면서 이와 비슷한 고역을 겪는다. 공장 노동자들은

---

8 온라인 화폐 및 인플레이션 계산기를 이용해 비과학적인 검증을 거친 결과 이는 오늘날의 0.34파운드(한화 약 550원—옮긴이)에 해당하는 것으로 보인다. 정말로 "터무니없이 낮은 보수"가 아닐 수 없다!

9 오늘날 285파운드(한화 약 45만 원—옮긴이)에 해당한다.

10 오늘날 46파운드(한화 약 7만 원—옮긴이) 정도.

11 오늘날 0.24파운드에서 0.48파운드(한화 약 380원에서 760원—옮긴이).

실크와 체크무늬 면직물을 자르고, 기름을 먹이고 늘인 뒤 까다로운 고리와 단 부분을 바느질한다. 그다음에는 우산살을 만들고 손잡이를 붙인다. (……) 계속해서 이 과정을 반복한다. (……) 손은 트고 갈라지며 겨울이면 건막류로 뒤덮인다.[원문에서는 모두 이탤릭체 표기][12]

영국 이외의 국가에서 우산은 단순히 계층을 구분하는 역할에 그치지 않았다. 이곳에서는 식민주의하의 막대한 불평등이나 문화마다 부여하는 의미 간의 충돌이 우산을 통해 여실히 드러났다. 고아의 노예 시장에서 유럽인들은 우산을 들고 다녔는데, 이와 관련해 우산 역사가 T. S. 크로포드는 이렇게 말한다. "태양을 차단할 필요도 있었겠지만, 식민지 주민들은 사실상 우산을 신분의 상징으로 이용했다. 고아는 거의 모든 노동을 노예에게 맡기는 졸부들의 천국이었다." 1875년 V. L. 캐머런[V. L. Cameron] 사령관은 탕가니카 호수 근처에서 우산을 들고 있는 아프리카 사람을 본 뒤 이렇게 기록했다.

우산을 소유한 자부심이 그대로 드러나는 안내인의 모습에 정

---

12 셀프의 《우산》에 등장하는 모든 인용에 적용된다.

말 놀랐다. 그는 하루 종일 우산을 펼친 채로 다녔으며 터무니없게도 계속해서 빙글빙글 돌렸다. 정글로 들어간 그가 유일하게 걸치고 있던 하의 천을 벗어 던지자 그 모습이 더욱 우스꽝스러워졌다. (……) 홀딱 벗은 채 우산만 쓰고 있는 흑인의 모습은 가만히 보고 있기 힘들었고, 나는 결국 웃음을 터뜨리고 말았다.

이 사례에서 우산은 양측 모두 높은 가치를 부여하는 물건이다. 하지만 영국인은 우산을 자신의 문화라는 맥락 내에서 생각할 수밖에 없다. 그에게 우산은 특정한 드레스 코드이자 신분의 상징이다. 그렇기에 우산을 들고 있는 아프리카 남자의 자부심과 만족감은 그에게 터무니없이 느껴질 뿐이다.

조르주 멜리에스Georges Méliès 감독의 영화 〈달세계 여행Le Voyage dans la Lune〉은 식민주의를 배경으로 하는 이야기에 우산이 등장하는 흥미로운 사례다. 1902년에 개봉한 이 무성 영화는 우산을 들고 다니는 우주 비행사의 어수선한 모험을 따라 줄거리가 이어진다. 그들은 달 탐사를 떠났다가 대포에서 발사된 캡슐로 돌아온다. 달에서 그들은 셀레나이트라고 불리는 달 주민을 만나 그들을 공격하는데, 우산으로 몇 번 건드리자 달 주민은 연기구름이 되어 사라진다.[13] 그들은 셀레나이트 왕을 살해하고 또 다른 셀레나이트를 인질로 잡아 포박한 뒤 지구로 데리고 돌아온다. 영화학자 매슈 솔로몬Matthew Solomon은 이를 두고 "식민주의의 안타까운 결과에 관한 신랄한 논평"이라고 평했다.

빅토리아시대에 급속도로 성장한 인쇄 매체에 등장하는 우산 이야기들을 살펴본 아리엘 부조의 연구 결과를 보면, 영국에서 우산은 단순히 패션 수단만으로 사용되지는 않았음을 알 수 있다. 당시의 우산에는 제국주의, 민주주의, 인종이라는 광범위한 주제가 반영되기도 했다.

영국인들은 민주주의를 자랑스럽게 여기며 비민주적인 국가를 자신들보다 훨씬 덜 문명화된 사회로 취급했다. 부조는 각 지역의 통치 방식과 우산 사용 방침의 매력적인 유사점을 도출한다. 그는 영국에서 우산은 민주적으로 사용 가능한, 즉 비용을 지불할 수만 있다면 누구나 이용 가능한 물건이지만, 앞서 살펴본 인도나 중국의 사례처럼 비민주적인 국가에서는 비민주적인 위계질서에 따라 차등적으로 이용되었다고 말한다. 당시 출간된 잡지에 수록된 수많은 우산 관련 소설이나 에세이에서는 "민주주의 vs. 독재주의" 통치 방식과 우산 사용 방침이 자아내는 이 같은

---

13 이보다 앞선 장면에서는 우산이 훨씬 평화적으로 사용되는데, 달에 우산을 꽂자 우산이 거대한 버섯으로 자란다.

긴장을 엿볼 수 있다.

부조의 연구 결과를 살펴보면 빅토리아시대 우산 역사가들은 아시아나 아프리카를 비롯한 식민지 국가와 우산의 상관관계를 경시했으며, 그보다는 그리스에서의 역사에 중점을 두었다. 부조의 연구 자료에 따르면 영국의 우산은 그리스보다는 아시아에서 더 많이 사용되었는데도 말이다. 하지만 빅토리아시대 사람들은 자신들이 정치적, 문화적, 도덕적 우월성을 심어 주느라 여념이 없던 식민지 국가가 아니라 민주주의의 탄생지에서 우산이 발명되었다고 생각하고 싶었을 것이다. 특히 그리스 로마의 역사가 계몽주의 예술, 건축, 문화, 철학에 큰 영향을 미치던 시기였음을 감안하면 그들의 행동이 이해되지 않는 것은 아니다. 당시 활동한 작가와 우산 역사가 역시 아시아와 아프리카 일부 지역을 배경으로 우산을 이용하는 색다른 관습(영국인들의 관점에서)이나 미신을 지어냈다. 부조의 말을 빌리자면 이는 "영국이 그들에게 문명적으로 영향을 미쳐야 한다"는 생각을 공고히 하기 위해서였다. 영국인들은 우산을 본래 용도인 차양으로 사용하는 것조차 색다른 관습으로 여겼으며, 비를 막아 주는 우산의 용도를 "발견했다는 사실"에 도덕적 우월감을 느꼈다. 이 같은 우월감은 그들이 지어낸 우산 이야기에 잘 반영되어 있다. 부조의 말처럼 "비서 방 국가를 배경으로 하는 우산 역사 이야기에서, 햇빛을 차단하는 용도로만 우산을 사용하는 사람은 교육이 필요한 기이한 사람으로 취급받았다".

우산에 담긴 풍부한 문화적 역사를 숨기는 것으로 부족했던지 부조는 빅토리아시대 영국 여성들의 양산 사용에조차 제국주의적인 성향이 담겨 있다고 주장한다. 당시 영국 '여성'의 피부색은 "인종의 차이를 강조하는 방법으로 사용되었다. (……) 여성은 피부를 흰색으로 유지하도록 장려되었다. 흰색은 다른 인종의 피부색을 평가하는 표준 색이었다". 양산을 사용할 경우 중산층 여성들은 햇빛으로부터 피부를 보호해 빅토리아시대의 이상인 순백을 유지할 수 있었다. 따라서 부조는 영국이 "'중산층 여성을 이용해' 백인이라는 자신들의 지위를 적극적으로 유지하고자 했으며" 그 과정에서 식민지 국가에서 그들이 비웃던 양산 쓰는 행위를 다소 과장되게 시행했다고 주장한다.

하지만 영국인들은 그렇게 의기양양해서는 안 되었다. 그들은 문화적으로 우월한 방식으로 우산을 사용했다고 주장함으로써 자신들의 역사를 교묘하게 부인하고 말았다. 빅토리아시대 이전의 선량한 영국 시민들은 우산을 전혀 긍정적으로 보지 않았다. 빅토리아시대에는 우산이 사회적 신분이자 제국주의의 상징으로 활용되었지만, 18세기 그들의 선조는 우산을 들고 다니는 사람을 멸시했으며 거리에서 우산을 들고 다니는 사람은 조롱거리가 되거나 모욕을 당했다.

2 | 평판 안 좋은 사물

신시아 바넷Cynthia Barnett은 계몽적인 저서 《비: 자연적이고
도 문화적인 역사Rain: A Natural and Cultural History》(2015) 중 한 장
에서 "비를 막아 주는 위대한 사물"인 방수 코트, 차량 와이퍼, 우
산을 소개한다. 이 사물들에는 신체나 유리를 비로부터 보호해
주는 명확한 기능 외에도 한 가지 흥미로운 공통점이 있다. 우리
의 일상에 깊숙이 스며든 나머지 애초에 "발명"되었다는 사실을
잊기 쉬운 이 사물들은 처음 등장했을 때 상류사회의 조롱을 받
았다.

사업가이자 박애주의자, 사회 운동가인 조나스 한웨이Jonas
Hanway(1712-1786)는 러시아와 중동을 여행한 뒤 영국으로 돌아오
면서 진기한 것들을 여럿 가지고 왔는데, 그중에는 우산의 잠재
력에 관한 혁신적인 아이디어도 있었다. 페르시아에서 우산이 햇
빛을 차단하는 데 사용되는 것을 본 그는 고향 땅에 가져와 옷이

옆쪽: 사람들의 호기심 어린 눈빛이나 노골적인 무례함, 빗물에도 전혀 흔들리지 않은 조나스 한웨이.

나 가발이 비에 젖는 것을 막는 데 사용하려고 했다. 꽤나 특이한 성향이었던 한웨이의 우산을 향한 열정에 런던 사람들은 대부분 당황하거나 심지어 불쾌해했다. 사람들의 호기심 어린 눈빛과 어리둥절한 표정, 야유에도 불구하고 한웨이는 죽을 때까지 우산을 썼으며, 대중은 그가 사망한 후에야 우산을 받아들였다.

1700년대 초에 우산과 양산을 본격적으로 생산하기 시작한 프랑스와는 달리, 영국에서는 거의 50년 뒤에야 우산과 양산이 등장했다. 1772년 런던을 방문한 한 프랑스인은 "런던 사람들은 원칙적으로 우산을 쓸 수 없다. 외국인이 자신의 태퍼터(광택이 있는 얇은 견직물—옮긴이) 또는 방수 실크 우산을 사용할 수도 없다"라고 말했다. 선량한 런던 시민들이 어떻게 이 정책을 시행했는지는 구체적으로 알려져 있지 않다.

하지만 프랑스에서조차 우산은 탐탁찮게 여겨지기도 했다. 옥타브 위잔Octave Uzanne이 1883년 《차양, 장갑, 토시The Sunshade, the Glove, the Muff》에서 기술한 것처럼 "1830년대의 댄디즘(19세기 초반 영국과 프랑스 상류층에서 일어났던 하나의 사조로, 무게나 깊이를 고려하지 않고 세련된 멋과 치장을 중시함으로써 일반 계층의 사람들에게 과시하는 태도—옮긴이)은 지팡이를 들고 다니는 데 특별한 기술이 필요한 것처럼 굴었으며, 우산을 진정한 우아함에 반하는 사물로 치부했다. 우산은 공장 감독 또는 노인들이나 사용하는 물건으로, 매력적으로 보이기를 진즉에 포기한 사람만이 들고 다니는 촌스러운 물건으로 취급 받았다". 소문에 따르면 오노레 드 발자크^{Honoré de Balzac}는 우산을 "지팡이와 컨버터블이 낳은 사생아"¹⁴라고 불렀다. 1768년, 마르키스 카라치올리^{Marquis Caraccioli}는 당시 파리의 패션에 대해 이렇게 말했다.

> 외출할 때마다 우산을 지참하며, 6개월 동안 많아 봤자 여섯 번 정도 사용할 우산을 팔 아래 끼고 다니는 불편함을 감수하는 것이 한동안 풍습으로 자리 잡았다. 하지만 저속한 무리로 취급받고 싶지 않은 사람이라면 몸이 젖는 쪽을 택하는 편이 나을 것이다.

이 일화를 보면 확실히 알 수 있듯이 "저속한 무리"가 영국 땅에 뿌리내리는 데는 시간이 좀 더 걸릴 터였다. 그리하여 1780년대 초 존 제미슨 박사^{Dr John Jamieson}가 노란 파리지앵 우산을 들고 글래스고에 가자 큰 소동이 일었고, 급기야 사람들이 그를 졸졸 따라다니기 시작했다.

---

14 크로포드는 특히 《우아한 삶에 관한 연구(A Treatise on Elegant Living)》(1830)에 이 같은 내용이 나온다고 주장했다. 그러나 나는 그러한 내용을 찾지 못했다.

주위 시선도 아랑곳하지 않고 개척자다운 정신으로 고집스럽게 우산을 사용한 한웨이를 뒤이어 가장 먼저 우산을 사용하기 시작한 무리는 성직자들이었다. 그들은 교회 묘지에서 문상객들을 보호하는 데 쓰이는 오래된 커다란 우산에 익숙했기 때문이기도 했고, 크로포드의 주장에 따르면 걸친 옷 덕분에 모욕적인 비난을 면할 수 있었기 때문이기도 했다.

정말로 그랬을까? 1780년대 런던을 배경으로 하는 힐러리 맨틀Hilary Mantel의 소설 《자이언트 오브라이언The Giant, O'Brien》(1998)은 조금 다른 모습을 그린다.

그날 밤 9시 30분, 바깥이 완전히 어두워지지 않았을 즈음 보슬비가 내리기 시작했다. 창가에 웅크리고 앉아 있던 비치 메리는 깜짝 놀라 꽥 소리를 질렀다. 자이언트 오브라이언을 제외한 모두가 무슨 일인지 보기 위해 몰려들었다. 클래피, 피부스, 잰킨이 계단을 내려가 밖으로 나갔다.

"무슨 일이야?" 자이언트가 물었다. (……)

"한 영국인이 막대기가 달린 캐노피를 들고 걸어가고 있지 뭐야." 비치 메리가 대답했다.

"우산이야." 조가 심드렁하게 대꾸했다. "성직자나 호들갑 떠는 노인네들이나 들고 다니기 때문에 다들 저리 괴롭히는 거야. (……) 애들이 쫓아다니면서 돌을 던지고 어떻게든 무너뜨리려고 야단이지."

(100퍼센트 사실이 아닐지라도 적어도 이야기 속에서는) 세상에서 가장 어두운 섬에 사는 영국인들이 우산을 일상적인 물건으로 받아들이기까지 그토록 오랜 시간이 걸렸다는 사실에 몇몇 작가들은 놀라움을 금치 못한다. 윌리엄 생스터는 "헌신적인 우산의 머리(나 손잡이) 위로 왜 그리도 많은 부당한 조롱이 쏟아져 내렸을까? (……) 우산에서 우스운 부분이 도대체 무엇인가?"라며 의아해했다. 160년 후 신시아 바넷은 "사람들이 한때 우산을 거부했다는 사실을 믿기 힘들다"며 "하늘이 내리는 창조물을 거부하는 인간을 못마땅해하는 신의 노여움인가"라고 말한다.

이 같은 주장에는 어느 정도 사실이 내포되어 있다. 크로포드의 말에 따르면 런던 사람들은 한웨이가 "하늘이 비를 내리는 이유, 즉 사람들을 젖게 하려는 의도에 저항"한다고 비난했다. 하지만 우산을 향한 비난에는 신체와 관련된 부분도 있었다. 《자이언트 오브라이언》에 등장하는 비치 메리는 우산을 들고 다니는 사람은 "비가 그들의 피부 안으로 들어가 피를 희석시"킨다고 생각한다며 그들을 비웃는다. 생스터의 말을 빌리자면 우산을 들고 다니는 사람들은 "건강을 염려하는 케케묵은 노인네"였다. 스티 븐슨은 이들을 "건강을 지나치게 염려하는 망상자이거나 옷이 망 가질까 걱정하는 검소한 사람"이라고 불렀다.

마부들은 우산의 등장에 위협을 느꼈다. 행인들이 전부 우산 을 들고 다닌다면 그들의 생계는 어떻게 된단 말인가?[15] (그 누구 보다 비판적이었던) 마르키스 카라치올리는 우산을 사용하는 이 들을 비웃으며 이는 "마차를 소유하고 있지 않다는 걸 보여 주 는 표식"이라고 말했다. 하인으로 일했던 영국인 존 맥도널드 John MacDonald 는 1770년 회고록에서 실크 우산을 들고 다니다가 "프랑 스인이여, 왜 마차를 타지 않는가?"라고 말하는 이들로부터 괴롭 힘을 당했다고 기록했다. 비로부터 신체를 보호하기 위해 기름 입힌 망토나 외투를 이용한 지 거의 2000년 만에 등장한 이 최신 장비는 불신에 가까운 반응을 낳았다. 감히 하늘의 뜻을 거역하 려 하다니 자신이 누구라고 생각하는가? 길 한복판에서 자신의 검소함을 보여 주기 위함인가? 아니면 조금 다른 관점을 취해 부 유한 사람만 이용할 수 있는 사치품(비바람이 들이닥치지 않는 운송

---

15 생스터의 주장에 따르면 이는 흥미롭게도 사륜마차가 처음 등장했을 때 뱃사공이 반대 를 표명했던 이유와도 유사하다. 템스강을 따라 사람들을 실어 나르며 생계를 유지하던 이들은 사륜마차에 반대하며 "사람들은 도로가 아니라 강을 따라 이동해야 한다"고 주장 했다.

수단)을 자랑하는 것인가?

　우산은 사람이 부여한 의미를 초월할 수 있는 흔치 않은 물건이지만, 초기에는 그렇게 다양한 용도로 사용되지 않았다. 오랫동안 우산은 비가 오는 날 건물에서 마차로 이동할 때나 다시 마차에서 건물로 이동할 때, 또는 장례식에 참석한 문상객을 위해 교회 묘지에 꽂아 두는 용도로만 사용이 허락되었다. 여성들이 자주 들고 다녔기 때문에 남성들은 여성적으로 보일까 봐 우산을 들고 다니지 않기도 했다(이에 관해서는 뒤에서 자세히 살펴보겠다).

　생소한 물건을 향한 사람들의 저항은 우산(이나 방수 코트, 차량 와이퍼)에만 나타난 것은 아니다. 루 카버Lou Carver가 《빅토리아나 매거진Victoriana Magazine》에 기록한 것처럼 존 헤더링턴John Hetherington은 1797년 영국에서 최초로 남성 정장용 모자를 썼는데, 사람들의 반응이 너무 격렬한 나머지 안타깝게도 체포되어 "소심한 사람들을 놀라게 할 목적으로 제작된 윤이 나는 커다란 물체"를 썼다는 죄로 기소되었다. 그의 모자를 본 여성들은 기절했고, 아이들은 소리를 질렀으며, 개는 짖어 댔고, 심부름하는 소년은 나자빠져서 팔이 부러졌다. 하지만 그로부터 40년 후에는 그 모자를 쓰지 않는 신사가 없었다.

　19세기에 날씨를 예측하려는 시도 역시 이와 비슷하지만 훨씬 심각한 반응을 낳았다. 신시아 바넷의 주장에 따르면 (찰스 다윈과 함께 떠난 항해에서 HMS비글호를 지휘한) 해군 함장 로버트 피츠로이Robert FitzRoy는 영국 최초로 기상청을 설립하려고 했지만, 국민들이 준비가 되어 있지 않았다. 피츠로이는 강우량이나 기압계 판독 같은 자료를 이용해 향후 날씨 패턴을 예측하고, 1859년에 발생한 로얄차터스톰(이 태풍으로 200만 대에 달하는 함선과 800명이 넘는 선원이 목숨을 잃었다) 같은 재앙을 줄이려는 등 선구적인 작업을 감행했지만 대중은 그를 신랄하게 조롱했다. 몇 년 후 피츠로이는 결국 면도칼로 스스로 목숨을 끊고 말았다. 그가 자살에 이르기까지는 여러 요소가 작용했겠지만(특히 피츠로이는 계속해서 우울증을 앓고 있었다) 그의 자살로 대중들은 "예측(피츠로이가 창안한 용어)"은 "비도덕적인 사이비 과학"이라고 확신했고, 영국 정부는 그 후 13년 동안 예측하는 행위를 전면 금지했다.[16]

이에 비하면 우산을 향한 반감은 상대적으로 귀엽게 느껴질 정도다.

하지만 반감은 사라지지 않았고 한동안 우산은 허름하고 단정치 못하며 자금이 넉넉하지 못한 이들, 즉 하층민이 사용하는 물건으로 취급되었다. 조너선 스위프트Jonathan Swift는 1710년 발

---

16 다행히 미국에서는 이 같은 비난이 높지 않았다. 바넷은 1870년, 기상 관련 업무가 미국방부에 위임되었다고 말한다.

표한 시 〈비 내리는 도시 묘사Description of a City Shower〉에서 상대적으로 부유한 이들이 가게 안에서 비를 피하는 동안 노동 계층 여성은 우산을 들고 있는 모습을 노래한다.

계속해서 내리는 빗방울은

이 헌신적인 마을을 물바다로 만들 것처럼 위협하네.

부유한 여성들은 사람들 사이에서 물건을 구경하며

값을 흥정하는 척하지만 아무것도 사지 않지.

템플 기사단은 말쑥하게 꾸미고는

비가 그치기를 기다리지만 곧 마차를 부를 것처럼 보이네.

기진맥진한 재봉사는 종종걸음으로 걸어가고

기름 입힌 그녀의 우산 옆으로 빗방울이 또르르 떨어지네.

누가 뭐래도 찰스 디킨스보다 우산을 생생하게 묘사한 사람은 없다. 그의 작품에는 우산을 휘두르는 사람이나 우산에 관한 이야기가 많이 나온다. 문학 비평가 존 캐리John Carey는 《폭력적인 초상: 디킨스의 상상력에 대한 연구The Violent Effigy: A Study of Dickens' Imagination》(1973)에서 "품위 없는 물건으로 취급된 우산은 소유자의 낮은 계층을 상징한다"며 사회적 지표로써의 우산의 역할에 대해 상세히 기술한다. 디킨스의 〈마틴 처즐위트^{Martin Chuzzlewit}〉 시리즈(1843-1844)에 등장하는 간호사 세라 갬프는 소설에서 그다지 중요하지 않은 인물이지만 누가 뭐래도 가장 유명한 인물이 틀림없다. 그녀의 남다른 간호 업무 행태(나태하고 탐욕스러우며 늘 술에 취한 상태인 데다 놀라우리만치 자화자찬에 빠진)는 늘 그녀 곁에 있는 우산 덕분에 더욱 도드라진다. "상단 부분에 선명한 파란색이 원형으로 솜씨 좋게 찍힌 것을 제외하고는 전체가 시든 잎 색깔인 볼품없는" 그 우산은 갬프 여사처럼 섬세함과는 거리가 멀다.

> 그 우산은 (……) 특히 물리치기 힘들었다. 다 해진 황동 노즐이 여의치 않은 틈을 자꾸 헤집고 들어오는 바람에 마차에 탄 승객들은 공포에 떨었다. 갬프 여사는 이 소지품을 위한 안식처를 찾으려고 안달이 난 나머지 5분밖에 안 되는 짧은 시간 동안 너무 자주 우산을 흔들었고, 그 바람에 우산은 하나가 아니라 50개처럼 보였다.

갬프 여사의 근처에 앉은 사람들은 우산이 자신들의 안위를 노리는 것이 아닐까 의심하기 시작한다.

톰은 루스와 함께 부두에 선 채 지극히 자연스러운 일이란 듯이 자신의 뒤에 서 있는 나이 든 여성을 내려다보았다. 여성은 손에 든 커다란 우산을 어쩔 줄 몰라 했다. 엄청나게 큰 그 우산에는 갈고리 모양 손잡이가 달려 있었다. 톰은 목구멍에 가해지는 고통스러운 압력으로 그 우산이 자신 근처에 있다는 것을 처음 알게 되었다. 유머로 재치 있게 웃어넘기며 우산을 밀쳐 내자 이번에는 등 뒤로 나무 막대기가 닿았다. 곧이어 갈고리가 그의 발목을 조여 왔고, 우산 전체가 모자 근처를 방황하더니 커다란 새처럼 퍼덕였다. 마지막으로 우산살이 찌르자 그는 너무나도 괴로운 나머지 몸을 돌려 여성에게 항의할 수밖에 없었다.

'갬프'는 얼마 안 가 '우산'뿐만 아니라 '간호사'를 의미하는 대명사로도 자리 잡았다. 존 보엔John Bowen이 《디킨스의 우산》에서 설명했듯 "우산은 우리를 위험으로부터 보호하기 위한 목적으로 부르주아 가정에 침투했지만, 사실 정반대의 효과를 가져왔을지도 모른다". 로빈슨 크루소처럼 갬프 여사는 책 속에서 나와 당대의 언어 속으로 들어갔다.

소설 속에서 마틴 처즐위트와 친구 마크 테플리는 투자할 땅

갬프 여사와 그녀의 우산.

을 찾아 미국 전역을 여행하던 도중 초크 장군이라는 남자와 만나는데, 남자는 그들을 속여 형편없는 땅에 투자하게 만든다. 여기에서 우산은 남자의 특징을 익살맞을 정도로 명확하게 보여 주는 단서가 된다.

"보시다시피, 나으리." 장군이 우산을 펼치며 말했다. 야비하게 생긴 그 우산은 그가 그토록 자랑하는 자비심과는 전혀 어울리지 않았다. "저는 백발이고, 도덕관념도 가지고 있습죠. 저만의 원칙을 갖고 사는 제가 이 땅이 제 형제에게 희망과 기회를 제공한다고 생각하지 않는다면 여기에 자금을 투자하겠습니까?"

그 후 몇 달 동안 찾아온 것은 희망과 기회가 아닌 질병과 절망이었고, 마틴과 마크는 다행히 목숨만은 건진다. 우산의 경고에 주의를 기울였더라면 좋았을 것.

18세기 말에 살았던 트랜스젠더 테오도라 그랜^{Theodora Grahn}은 평판 안 좋은 우산의 현실적인 사례를 보여 주는 대표적인 인물이라 할 수 있다. 남자처럼 입고 남자처럼 살았던 테오도라, 자칭 바롱 드 베르디옹^{Baron de Verdion}(1744-1802)은 먹고 마시는 것을 지나치게 좋아했는데, 제목만으로도 상당히 흥미로운 《커비의 끝내 주는 과학 박물관, 또는 놀라운 캐릭터 잡지^{Kirby's Wonderful and Scientific Museum, or, Magazine of Remarkable Characters}》에서는 그녀를 이렇게 묘사했다.

거대한 삼각모와 구깃구깃한 머리에 어떤 날씨에도 부츠를 신고 지팡이나 우산을 들고 다니는 정말로 기괴한 모습이었다. 늘 손에서 놓지 않는 우산은 등에 걸치고 다녔다.

이 묘사만으로 불충분했던지 그녀에 관한 이 간략한 전기에는 바롱의 '진짜' 성을 폭로하기로 작정한 남자들을 상대로 그녀가 평생 고군분투했다는 이야기도 등장한다. 테오도라는 자신이 나고 자란 베를린을 떠나 런던에 정착하겠다고 결심할 만큼 모욕적인 공격을 받기도 했다. 크로포드가 지적한 것처럼 우산이 형편없는 대우를 받던 시대에 (당시 기준으로) 그렇게 급진주의적인 성향을 지닌 개인이 우산을 들고 다니는 모습은, 영국 사회에서 우산의 평판을 개선하는 데 조금도 도움이 되지 않았을 것이다.[17]

우산을 업신여기는 고질적이고 만연한 태도가 하나의 사회 풍습으로 자리 잡기도 했지만, 우산 사용을 저해하는 요인은 그게 다가 아니었다. 우산이 널리 사용되려면 우선 장애가 되는 실질적인 요소 두 가지가 바뀌어야 했다.

우선 도로 상태가 문제였다. 생스터의 책에서 조너스 한웨이의 전기 작가 푸그^{Mr Pugh}는 포장되기 전의 런던 거리를 걷는 경험

---

17 《커비의 끝내 주는 과학 박물관, 또는 놀라운 캐릭터 잡지》 2호는 온라인에서 무료로 열람할 수 있다. 여기서는 바롱 드 베르디옹에 관해 몇 쪽에 걸쳐 대단히 흥미롭게 설명한다.

에 대해 기술한다.[18] "도로가 얼마나 불편하고 더러운지 차마 말로 설명할 수 없을 정도"라며 그는 건물에서 도로까지 뻗어 나가 행인의 시선을 차단하는 수많은 가게 표지판에 대해 말한다. 어떠한 보행로는 너무 좁아서 한 번에 한 명씩만 지나갈 수 있고, 그마저도 마찻길을 따라 일렬로 박힌 말뚝들 때문에 더욱 비좁아지기 일쑤였다.

남자에게 급한 용무가 있는지도 모르고, 앞서 걸어가는 신사는 느릿느릿 걸어가고 있었다. 결국 보다 못한 남자는 두 말뚝 사이를 지나 (……) 마찻길로 향했다. 마차가 자신을 향해 달려오자 말뚝들 사이로 재빨리 돌아갈 수 있기를 바랐지만 한 말뚝의 상단에서 다른 말뚝의 상단까지는 철로가 계속 이어졌다. (……) 그는 뛰어서 첫 번째 출구로 돌아가거나, 철책 위로 올라가거나, 아래로 기어가야 했다. 먼지투성이가 될 뿐 별다른 부상 없이 그 길을 빠져나온다면 운이 좋은 것이었다.

마찻길을 걷기가 두려울 경우 보행로를 걸어가고 있는 다른

---

18   이 부분은 런던 대신 뉴욕으로 바뀐 것만 다를 뿐 미국의 우산 제조업체 클라이드 앤드 블랙(Clyde & Black)의 《우산과 그 역사(Umbrella and Their History)》(1864)에도 거의 그대로 실려 있다.

행인을 쫓아내야 했는데, 상대의 저항이 있을 경우 "이 여정은 전투로 돌변할 수 있었다". 푸그는 "바람 부는 날 납이나 철로 장식된 크고 오래된 간판 아래를 지나가는 불행한 여성"이 겪어야 하는 불편함에 대해서도 상세하게 설명한다. "튀어나온 배수관을 통해 비와 더러운 물이 한 바가지 떨어져 내릴 것이다." 이 다양한 장애물에 더해 당시 후프 스커트(탄력 있는 철사로 속을 넓힌 치마—옮긴이)가 유행했다는 사실을 생각하면, 여성들이 거기에 우산까지 들기를 꺼려한 이유를 짐작할 수 있다.

하지만 우산이 초창기에 비난을 받은 가장 큰 이유는 우산이라는 사물 자체에 있다. 디킨스는 갬프 여사의 아파트에 놓인 우산을 두고 "값비싸고 진귀한 이 물건은 과시하듯 전시되었다"라며 조롱하는 말투로 설명하지만, 당시 우산은 그 비싼 가격에 비해 그다지 유용하지도, 질이 좋지도 못했다. 폭스가 강철 프레임을 개발하기 전의 우산은 고래수염으로 만들어져 무게가 꽤 나갔으며, 제작 과정에 노동이 많이 들어가는 물건이었다. 우산살은 철선으로 묶인 채 우산대에 달려서 부러지기 쉬웠다. 고래수염은 제대로 말리지 않을 경우 금이 갈 수 있었다. 왁스나 기름을 입혀 방수 처리하더라도 커다란 천이 완전히 젖는 것을 막을 수는 없어서, 우산을 다시 접어 팔 아래에 끼우면 겨드랑이가 온통 젖곤

했다. 당시의 우산은 오늘날의 모습보다는 느슨하게 묶은 가지 더미를 거대한 천으로 감싼 것에 가까웠다.

이토록 다루기 힘든 사물은 혼잡한 거리나 궂은 날씨 속에서 이를 지참한 사람에게 특정한 불편함을 안겨 줄 수밖에 없었다. 1801년, J. S. 덩컨^{J. S. Duncan}은 《지팡이와 우산 소유자를 위한 지침^{Hints to the Bearers of Walking Sticks and Umbrellas}》이라는 인기 있는 소책자를 통해 거리에서 보이는 우산과 관련된 최악의 행동을 풍자했다. 오늘날 여전히 눈에 띄는 행동들도 보이는데, 당시 우산을 펼치고 우산살을 제대로 받치는 데 들었던 수고를 비롯해 비에 젖으면 우산이 축 처지면서 무거워졌다는 사실을 감안하면, 처음 우산을 사용했던 이들과 동료 시민들이 어떠한 불편함을 겪었을지 대충 짐작이 간다.

덩컨은 우산을 들고 다니는 사람들을 몇 종족으로 나누었다. 방패지기(머리와 신체를 완전히 가리도록 우산을 코앞에 들고 다니는 이들), 하늘 공격수(우산을 들고 가는 다른 사람을 만나면 자신의 우산을 하늘 높이 휙 쳐드는 이들. 키가 큰 사람은 키 작은 사람이 쳐드는 우산의 끝부분에 눈이 찔릴 수 있다), 진흙 퍼내는 사람(우산을 들고 가는 다른 사람을 만나면 땅으로 재빨리 내려 상대의 진로를 방해하는 이들), 뒤집히는 자(우산 안에 바람이 몰아쳐 우산이 뒤집히고 갈가리 찢

하늘 공격수와 방패지기의 싸움.

겨지도록 만드는 조심성 없는 이들. 이들은 우산을 재정비하느라 시간
에 쫓기는 행인들의 진로를 방해한다) 등이다.

다른 이들보다는 자기 자신에게 더 위험을 끼치는 종족도 있다.

자해자는 자신의 부주의로 고통을 겪는 이들이다. 이 불쌍한
남자는 우산을 펼친 뒤 폭우가 쏟아지는 가운데 레든홀 거리를

나섰다. 그는 머리 위 배수관에서 떨어지는 물줄기에도 아랑곳하지 않고 인쇄소 창문을 쳐다보느라 정신이 없었다. 그가 우산을 기울여 등 뒤에 바짝 붙이자 빗물이 그의 주머니로 쏟아져 들어갔다.

덩컨은 우산이라는 사물보다 그 사물을 들고 있는 사람에게 책임을 전가하는데, 19세기 말을 배경으로 하는 세라 페리^{Sara Perry}의 소설 《에식스의 뱀^{The Essex Serpent}》(2016)에 등장하는 두 여주인공은 이에 동의하지 않을지도 모른다. 콜체스터를 걷는 도중 그들의 우산은 "가느다란 빗줄기를 코트 소매로 더욱 효율적으로 흘려보내는 역할을 할 뿐이다".

시간이 지나면서 우산은 결국 큰 발전을 거듭한다. 1855년 한 해에만 우산의 디자인과 제조 방법 개선 특허가 300개나 제출되었다. 뿐만 아니라 1855년 이후 우산의 소재와 기술이 크게 향상되었고, 드디어 오늘날 우리가 사용하는 것처럼 가볍고 100퍼센트 방수가 되며 앙증맞은 핸드백을 제외하고는 어디든 접어서 넣고 다닐 수 있는 우산이 등장했다.

우산을 향한 대중의 반응이 급변한 가장 악명 높은 사례는 20세기 영국에서 살펴볼 수 있다. 1937년부터 1940년까지 영국 총

Inverters 5

striker A Mud-Scooper

리를 지낸 네빌 체임벌린^{Neville Chamberlain}은 한동안 큰 인기를 누렸지만, 제2차 세계대전 발발에 일조하면서 대중의 신임을 잃었다. 항상 들고 다니던 우산으로 유명했던 그였기에 우산 역시 그의 몰락과 함께 인기가 사그라졌다. 〈스웨인 애드니 브리그^{Swaine Adeney Brigg}〉 우산 가게(여전히 런던의 심장부에서 영업 중이다)의 전신인 〈토머스 브리그 앤드 선즈^{Thomas Brigg & Sons}〉에서 판매하는 독특한 검은색 우산은 마거릿 대처 수상의 핸드백이나 윈스턴 처칠의 시가처럼 체임벌린을 상징하는 사물이다. 데이비드 캐너다인^{Sir David Cannadine} 역사학 교수가 라디오 방송 〈네빌 체임벌린의 우산 Neville Chamberlain's Umbrella〉[19]에서 설명했듯, 이 우산은 제2차 세계대전이 발발하기 전 불확실한 기운이 감도는 영국에서 체임벌린이 상징하는 모든 것이 되었다.

네빌 체임벌린은 지지자에게 그의 우산만큼이나 높은 신뢰를 얻었습니다. 그는 1930년대 말 히틀러의 비위를 맞추는 정책을 계속해서 고수했는데, 이는 평화를 유지하고 독일이 영국 도시에 폭탄을 투하하지 않도록 하는 유일한 방법이었죠.

---

19 이 후로 언급하는 정보의 상당수가 이 방송 내용을 바탕으로 한다. 15분짜리 이 방송은 들어 볼 가치가 충분하다.

캐너다인은 체임벌린을 그의 우산과 마찬가지로 "근엄하고 자의식이 강하며 엄격하다"고 묘사한다. 하지만 이 모호한 특징에도 불구하고 체임벌린이 뮌헨 협정에 서명하면서 전쟁을 막은 이후 쭉 이어진 대중의 흠모는 수그러들지 않았다. 체임벌린은 선물(당연히 우산도 꽤 많이) 공세를 받았으며 그의 인기에 힘입어 영국, 미국, 인도를 비롯한 유럽 전역의 우산 판매가 급증했다. 우산은 대중의 상상력을 사로잡았다. 설탕으로 만든 모형 우산이 런던 전역의 상점에 전시되었으며, 파리에서는 우산 손잡이로 댄스 파트너를 낚아채는 새로운 춤이 등장했다. 한동안 우산은 '체임벌린'이라는 대명사로 불렸다.

당시 인기 있던 농담 중에는 히틀러의 《나의 투쟁Mein Kampf》에 대한 답으로 체임벌린이 '나의 우산Mein Gamp'을 써야 하는 거 아니냐는 내용도 있었다. 체임벌린을 기려 "우산"이라는 이름의 칵테일이 출시되기까지 했다. 캐너다인은 이에 대해 이렇게 말한다.

체임벌린의 우산은 칼보다도 힘이 센 일종의 올리브 가지로 기적적으로 부상했고, 승리의 상징이 되었습니다.

우산과 관련된 이 과찬의 시기는 너무 짧았다. 정치 상황이

73쪽: 뒤집히는 자들이 바람에 맞서 싸우는 가운데 진흙 퍼내는 사람이 무방비한 하늘 공격수의 발을 걸어 넘어뜨리고 있다.

갑작스럽게 악화되었기 때문이다. 뮌헨 협정은 완전히 잊혔고 유럽은 전쟁에 들어갔다. 한껏 인기를 누리던 체임벌린은 별안간 비난의 대상이 되었고, 그와 함께 그의 우산도 인기가 추락했다. 히틀러는 체임벌린을 "우산을 들고 다니는 어리석은 노인네"라고 멸시했으며, 그의 정책을 한때 위대했던 대영제국의 "우산 평화주의"라고 조롱했다. 영국 대중의 반응도 마찬가지였다. 캐너다인은 계속해서 이렇게 말한다.

> 품위, 정직, 선의의 상징이던 체임벌린의 우산은 고지식하고, 편협하며, 잘 속아 넘어가는 순진한 그를 암시하는 상징물로서 조롱의 대상이 되었습니다. 한때 고결이라는 강점을 상징하던 그의 우산이 독선이라는 약점을 상징하게 된 것이죠.

그 정도로 충분하지 않았던지 히틀러는 1940년 체임벌린의 고향인 버밍엄에 폭탄을 투여하는 계획을 "레겐쉬름^{Regenschirm}", 즉 '우산'이라고 명했다.

불과 몇 달 만에 네빌 체임벌린의 우산은 숭배에서 비난의 대상으로 전락했다. 그렇게 충격적인 반전을 경험한 우산은 그 어디에도 없을 것이다. 하지만 평판이 안 좋은 우산에 관한 이야기는 오늘날까지도 수많은 책에 등장한다.

모두가 기피하는 덩치 큰 여성이 들고 다니는 흉한 사물이든 꽤 혐오스러운 중산층 주인공 간에 난폭한 싸움을 자극하는 촉매제로 작용하든, 우산은 계층이나 사회적 낙인, 인간의 품위와 계속해서 긴밀한 관계를 맺고 있다.

엠마 힐리Emma Healey의 베스트셀러 소설 《엘리자베스가 사라졌다Elizabeth Is Missing》(2014)에서 주인공 모드는 한때 동네에 살았던, 늘 우산을 들고 다니던 "미친 여자"에 대해 회상한다.

그 여자는 늘 우산을 들고 다녔다. 다 해지고 지저분한 그 우산은 반쯤 펴져 있는 것이 마치 상처 입은 새 같았다. 그 여자는 때때로 정류장에서 우산을 흔들어 버스를 세우고는 원피스를 들어 올려 속바지를 다 보여 주었다. 사람들은 전쟁이 터지기 전 그녀의 딸이 버스에 치여 죽어서 그런 거라고들 말했다. 사람들은 작게 속삭이거나 심술궂은 농담을 던졌지만 막상 질문을 하면 캐묻지 말고 입 다물고 있으라고, 마치 그 여자에게서 뭔가가 옮을 수도 있다는 듯 그냥 그 여자 근처에는 가지 말라고 했다.

그 여자는 모드를 겁에 질리게 만든다. 여자는 알아들을 수 없는 말을 큰 소리로 떠들어 대고, 모드를 우산으로 공격하면서 쫓아온다. 어느 날 그 여자는 어린 모드의 집 앞에서 차에 치이고 마는데 "자그맣게 쓰러져 있는 모습을 보니" 모드는 그 여자가 별안간 그다지 무서워 보이지 않는다. 그녀에게는 "우산도 없었다". 그 여자의 우산은 그녀의 불안한 성격과 긴밀하게 연결되어 있기 때문에 다른 인물의 방에서 그 우산을 발견하자 모드는 우산의 존재만으로 방의 주인공을 살인자로 의심한다. 광기, 모성, 우산은 루스 파크^{Ruth Park}의 《남쪽의 하프^{The Harp in the South}》(1948)에도 등장한다. "자식이 여덟 명 있고 교회에서 중추적인 역할을 맡고 있는 캐시 이모는 미쳐 버렸고, 우산 아래에서 벌거벗은 채 살로메의 춤을 추었다."

J. K. 롤링^{J. K. Rowling}의 《해리 포터와 마법사의 돌^{Harry Potter and the Philosopher's Stone}》(1997)에는 꽤나 파괴적인 우산이 등장한다. 해리 포터의 이모부 버넌 더즐리는 회사의 중역으로 안정적인 중산층에 "완벽하게 평범"하다. 아내 피튜니아와 함께 깨끗하고 단정한 거리에 사는 그는 아들 더들리를 사립 남자 고등학교에 보내고 값비싼 선물을 퍼 준다. 지저분한 머리에 이상한 일만 벌이고 다니는 조카 해리는 그 완벽하고 질서 정연한 세상의 유일한 골

칫거린다.

〈해리 포터〉 시리즈는 처음부터 마법을 질서 정연한 세상의
방해물로 묘사한다. 훤한 대낮에 부엉이 떼가 내리 덮치고, 화려
하고 긴 망토를 걸친 사람들이 흥분한 상태로 떼 지어 모이며, 별
똥별이 밤하늘을 환히 비춘다. 〈해리 포터〉 시리즈는 꾀죄죄하고
별난 사람들로 가득 찬 마법 세계를 보여 준다. 해리의 열한 번째
생일날 아침, 해그리드라는 거인이 쳐들어와 버넌 더즐리를 낡을
대로 낡은 우산으로 위협한다.

> "내 말 잘 들어라, 꼬맹아." 버넌 이모부가 으르렁거렸다. "네
> 녀석한테 뭔가 이상한 구석이 있다는 건 인정하마. 아마 매질
> 만 제대로 했어도 고쳐졌겠지…… 그리고 네 부모 말인데, 뭐
> 랄까, 그 작자들은 제정신이 아니었어. 그건 부정할 수 없는
> 사실이다. 그런 인간들은 차라리 없는 편이 세상에 더 도움이
> 될 거야. (……)"
> 하지만 바로 그 순간, 해그리드가 소파에서 벌떡 일어나 코트
> 안쪽에서 낡아 빠진 분홍색 우산을 뽑아 들었다. 그는 검이라
> 도 되는 양 우산을 버넌 이모부에게 겨누고 말했다. "경고하는
> 데, 더즐리, (……) 한 마디만 더 하면……."

수염 덥수룩한 거인에게 우산 끝으로 찔릴 위험에 처하자 버넌 이모부의 용기는 다시 수그러들었다. 그는 벽에 몸을 납작 붙이고 입을 다물었다.

《해리 포터와 불사조 기사단Harry Potter and the Order of the Phoenix》 (2003)에는 그리몰드가 12번지 복도에 위치한 우산꽂이가 등장하는데, 트롤의 한쪽 다리를 잘라 만든 듯한 이 우산꽂이는 마법 세계에 사는 이들이 마법 생명체와 머글(마법 능력을 소유하고 있지 않은 사람)을 향해 품고 있는 끔찍한 편견을 상기시킨다.

하니프 쿠레이시Hanif Kureish의 단편 〈우산The Umbrella〉(1999)에서는 우산을 둘러싸고 꼴사나운 광경이 펼쳐진다. 이 소설에는 별거 중인 부부가 싸우는 장면이 나오는데, 비 오는 날 남편이 아내의 집으로 두 아들을 돌려보내면서 싸움이 시작된다. 그는 우산을 빌려 달라고 하지만 아내는 이혼을 거부하는 것과 마찬가지로 우산 빌려주기를 거부한다. 화가 난 남편이 집 안으로 쳐들어오며("아내는 마치 축구에서 '다이빙'을 하듯 머리를 쾅 부딪혔다") 옷장에서 우산을 낚아챈다. 그러자 아내가 그를 주먹으로 때리려고 돌진한다. 물론 이 이야기는 우산에 관한 것이 아니지만, 아내를 향한 남편의 "깊고 지능적이며 감정적인 미움"과 아내를 "쳐부수려는" 욕망에서 우산은 일종의 피뢰침으로 작용한다. 확실히 평판이 안 좋은 사물이다.

　윌리엄 생스터는 영국 우산이 역사적으로 남용된 것에 대해 그 후로도 계속해서 분노를 표하며 우산은 "너무 불합리한 취급을 받았으며" "수치스러울 정도로 등한시되었다"고 주장한다. 영국 날씨의 매력적인 변덕에 관한 책《태양을 다오 Bring Me Sunshine》(2012)에서 찰리 코널리 Charlie Connelly 역시 이 같은 주장을 펼친다. "그토록 이타적인 사물을 우리는 어떻게 취급하는가? 버스나 기차, 술집에 두고 오지 않는가?" 이 같은 주장을 듣다 보면 우산에게 지각이 있다고 생각해도 큰 무리는 아닌 것처럼 느껴진다. 어떤 면에서 우산은 지각이 있는 사물이라 할 수 있다. 단순히 왕족이나 노예 무역상, 무굴 황제, 또는 평민의 신분을 상징하는 것보다는 훨씬 다층적인 의미를 지닌 신비로운 물체가 아닌가.

처음으로 함께 우산을 쓰는 툼누스 씨와 루시.

3 | 피신처, 그늘, 방패

우리는 앞장에서 왕위, 계층, 계급, 수입이나 민족과 관련된 우산의 온갖 사회적 의미를 살펴보았다. 이 같은 의미는 손잡이("구부러지거나" "툭 튀어나온" 앵무새 머리), 캐노피(보석이 박힌 넓고 흰, 또는 "가장자리가 다 해진"), 꼭지(닳은 노즐과 탐침) 등 우산의 물리적인 특징에서 비롯된다. 하지만 우산에는 이 같은 물리적인 특징만이 아닌, 이 물건이 지닌 기능에서 유래한 다층적인 의미도 있다. 이 기능은 당연히 무언가를 보호하는 기능이다. 우산은 들고 있는 사람과 하늘 사이에 놓인 방패로, 그 아래 그늘을 드리움으로써 일종의 피신처를 제공한다.

주제 에두아르두 아구아루사José Eduardo Agualusa의 소설 《망각에 관한 일반론A General Theory of Oblivion》(2012)의 주인공은 이 사실을 너무 잘 알고 있다. 개방된 공간에 대한 두려움에 사로잡힌 루도비카는 자신과 하늘 사이에 놓인 우산 아래서 위안을 받는다.

루도비카는 하늘을 마주하기 싫어했다. 어릴 때조차 탁 트인 공간만 보면 겁에 질렸다. 그녀는 집을 나서는 순간 등껍질이 벗겨진 거북이마냥 불안하고 약해졌다. 예닐곱 살밖에 되지 않았을 때에도, 날씨가 어떻든 학교에 갈 때면 반드시 커다란 검은 우산을 썼다.

피신처를 갈망하는 그녀의 극단적인 욕구는 몇 년 후 더욱 두드러지는데, 정원을 가꿀 때 들고 나가기에 우산이 너무 크고 무겁다고 생각한 루도는 다소 우스꽝스러운 해결책을 고안해 낸다.

세상과의 단절을 감행하기 시작한 처음 몇 달 동안, 루도는 테라스에 나갈 때면 거의 늘 우산을 썼다. 나중에는 기다란 종이 상자를 사용하기 시작했는데, 밖을 내다보기 위해 눈의 위치에 구멍 두 개를 뚫고 팔을 내밀기 위해 상자 아래쪽 측면에도 구멍 두 개를 더 뚫었다. (……) 비슷한 높이의 다른 건물에서 봤다면 커다란 상자가 앞으로 향했다가 다시 뒤로 물러나는 등 이리저리 움직이는 것처럼 보일 터였다.

역사적으로 우산 학자(모두가 빅토리아시대 제국주의자는 아니다)와 상류사회는 양산과 우산을 확실히 구분 짓고 싶어 했다(앞으로 살펴보겠지만 성별 문제가 관련될수록 특히 그러했다). 모든 우산이 양산에서 유래했다는 사실을 고려할 때 이는 꽤 흥미로운 생각이다. 물론 양산과 우산은 확실히 다르며, 아무리 잘 만든 양산일지라도 비를 막아 주지 못할 때가 있다. 여기서 한 가지 확실한 사실은 이 기본적인 형태와 구조를 따르는 사물은 양산이 되었든 우산이 되었든 전부 무언가를 차단하는 역할을 하며, 차단 당하는 대상은 무엇이든 간에 이 물건이 제공하는 보호나 그늘보다는 덜 중요하다는 것이다.

그렇기는 하지만 우산에는 우리가 그동안 간과해 온 아주 확실하고 중요한 의미가 담겨 있으니, 그것은 바로 비다. 우산만큼 확실히 비를 상징하는 물건은 없다. "우산을 챙겨"라는 문장은 "비가 올 거야"라는 뜻과 같다. 또한 상자 안에 그려진 우산 그림은 "이 상자가 젖게 하지 마시오"라는 보편적인 의미를 담고 있다. 건조함을 유지하기 위해 고안된 물체가 논리의 전복으로 젖은 상태를 상징하게 된 것이다.

A. A. 밀른A. A. Milne의 《곰돌이 푸 이야기 전집Winnie-the-Pooh》 (1926)은 〈우리가 위니 더 푸와 벌들에게 소개되고, 이야기는 시작된다〉 장에서 이처럼 뒤집힌 논리를 따른다. ‘나무에서 벌통을

발견한 푸는 자신의 꿀단지를 채우려는 대담한 계획을 세운다. 푸는 진흙에 몸을 굴린 뒤 파란 풍선을 타고 벌통까지 올라가 하늘 아래 떠 있는 작은 먹구름인 척한다. 하지만 푸의 교활한 작전은 벌들에게 먹히지 않는다.

"크리스토퍼 로빈!" [푸가] 너한테 크게 말했어.

"안녕!"

"벌들이 뭔가 의심스러워하는 것 같아!"

"뭘 의심해?"

"나도 몰라. 하지만 벌들이 의심쩍어하는 게 느껴져!"

"네가 자기들 꿀을 노린다고 생각하는 걸까?"

"그럴지도 몰라. 벌들은 도통 알 수가 없으니까."

잠시 침묵이 흐르고 난 뒤 푸가 다시 소리쳤지.

"크리스토퍼 로빈!"

"응?"

"집에 우산 있어?"

"그럴걸."

"우산을 가지고 와서 왔다 갔다 해 줄래? 그리고 이따금 나를 처다보면서 '쯧쯧, 비가 올 것 같네'라고 말해 줘. 그러면 이 벌

이 책이 젖게 하지 마시오.

들에게 실험해 보는 속임수에 도움이 될 거야."

제인 오스틴Jane Austen의 《설득Persuasion》(1817)에서 웬트워스 대령이 영국 도시를 방문하는 대가에 관해 농담하는 장면 역시 이같은 문화적 맥락에서 이해할 수 있다.

웬트워스 대령이 다시 앤을 향해 돌아서더니, 아무런 말을 하지 않은 채 몸짓으로 그녀를 수행하겠다는 뜻을 내보였다.

"호의는 정말 감사합니다만, 마차에 그렇게 많은 사람이 탑승

할 수는 없을 것 같은데요. 저는 걸어갈게요. 걷는 편이 더 좋아요." 앤이 대답했다.

"하지만 비가 오는걸요."

"아! 아주 조금 내리는걸요. 이 정도는 제게 아무것도 아니랍니다."

잠시 머뭇거리다가 대령이 말했다. "어제 도착하긴 했지만 이미 바스의 날씨에 제대로 준비해 두었죠. 자, 보세요." 그는 새 우산을 가리키며 말했다. "굳이 걸어가겠다면 이걸 쓰세요."

현명한 나의 할아버지가 우산을 "가뭄 지팡이"라고 부르는 것 역시 같은 이유라 할 수 있다. 우산에는 머피의 법칙이 어김없이 적용되곤 한다. 비가 오리라고 생각해 할아버지가 우산을 들고 나갈 때마다 비는 내리지 않는다. 이는 비단 할아버지에게만 일어나는 일은 아니다. 로버트 루이스 스티븐슨 역시 1894년 이 같은 현상에 대해 기술했다.

우산이 지닌 가장 기이하고도 중요한 속성은 대기층에 영향을 미치는 막대한 에너지다. 우리가 우산을 들고 나가면 공기가 메마르고, 집에 두고 나오면 엄청난 양의 수증기가 형성되면서 비가 내리곤 한다. 이는 기상학에서 확실히 인정받는 사실이자 기상학자들이 유일하게 동의하는 부분이기도 하다.

영국 우산의 역사에서 한 가지 흥미로운 점은 '우산'이라는 단어와 그 뜻이 우산이라는 사물보다 훨씬 먼저 사용되었다는 사실이다. 크로포드는 "'우산'이라는 단어가 최초로 문맥적으로 사용된 것은" 자그마치 1609년으로 거슬러 올라간다고 말한다. 이 단어는 존 던John Donne이 헨리 굿이어 경Sir Henry Goodyer에게 보내는 편지에 등장한다.

풍요나 영광으로 우리가 누렇게 그슬리거나 녹아 버릴지라도, 우리에게는 지상의 동굴인 신체가 있지 않소. 우리는 그 안으로 들어가 몸을 식힐 수 있다오. 또한 우리가 얼어 버리거나 우리에게 어두운 미래가 닥치더라도, 우리에게는 영혼이라는 햇불이 있지 않소. 이 햇불은 저 혼자만으로도 불을 밝히고 주위를 따뜻하게 할 수 있다오. 그러니까 우리는 우리 자신의 우산이자 태양이오.

앞서 살펴본 사례와 마찬가지로 크로포드는 이 서신에서 "우산"이라는 단어를 '보호를 상징하는 보편적인 비유'로 사용한다. 오늘날에도 우산은 본래 의미에 국한되어 사용되지만은 않는다. 《옥스포드 영영사전》에 적힌 우산의 다양한 정의는 다음과 같다.

2. a. 보호 또는 대피 수단
   b. 가리개, 위장
6. b. 조율하거나 통합하는 수단, (단어나 이름 등) 여러 가지를 보호 또는 은폐하는 행위, 여러 의미나 개념, 두루뭉술한 의미를 은폐하는 것

과거 분사의 정의는 다음과 같다.

우산이 받혀지다(umbrellared): (우산으로) 보호되거나 은폐되다, 우산을 제공받다 (······)

보호나 대피 수단으로서의 정의는 우산이라는 사물만큼이나 오래되었으며 우산에 종교적, 신화적으로 심오한 의미를 부여한다.

고대 이집트에서 가장 오래된 신 중 하나인 하늘의 여신 누트 [Nut]는 단순히 하늘을 대변하는 것이 아닌, 하늘 그 자체였다. 누트

는 거대한 돔 형태로 발가락에서 손가락 끝까지 땅 전체에 퍼져
있었으며 몸은 온통 별들로 뒤덮여 있었다. 그녀의 오빠 게브^{Geb}
는 땅의 신이었는데, 그들의 아버지 슈^{Shu}는 남매가 절대로 만나
지 못하도록 게브가 한 손으로는 누트의 가슴을, 다른 손으로는
허벅지를 받쳐 아치 형태로 그녀의 몸을 지탱하도록 했다. 이집
트인들은 그들의 모습을 석관에 종종 새겨 넣었는데, 크로포드는
그 모습이 거대한 천체 우산과 비슷하다고 지적한다.

따라서 고대 이집트에서 군주를 보호하기 위해 사용된 우산은 단순히 태양으로부터 군주를 보호한 것만이 아니었다. 우산은 왕 위로 뻗어 있는 천공을 상징했으며, 이로써 왕의 신성한 지위를 보여 주었다. 왕의 우산 아래 생기는 '그늘' 역시 상징적이었다. 우산 학자들은 이 상징이 의미하는 바를 두고 각기 다른 의견을 표명한다. 크로포드는 우산이 만드는 그늘이 왕이 제공하는 보호를 의미했다고 말하지만, 부조는 시민뿐 아니라 태양까지도 지배하는 왕의 권력을 상징했다고 주장한다. 단순히 다른 이들을 향해 우산의 그늘을 드리우는 것만으로 왕은 누구든 노예로 삼거나 죽일 수 있었다. 피난처의 상징이든 무자비함의 상징이든, 보호막이든 사형 선고든 우산은 왕의 권위를 대변하는 심오한 상징물이었다. 인도의 산스크리트 작가 칼리다사^{Kālidāsa}가 쓴 희곡《샤쿤탈라^{Recognition of Śakuntalā}》에 등장하는 듀샨타 왕은 나라를 통치하는 일을 우산에 비유하기도 한다.

나라를 통치하는 일은 국왕을 괴롭히지만 그는 백성의 안녕에 기뻐한다. 마치 손으로 직접 들고 있으면 피곤하지만 그 아래로 그늘이 생기는 커다란 우산과도 같다. 국왕은 가지 달린 나무처럼 머리에 맹렬한 태양을 이고 있으나, 그 아래로 넓은 그늘을 드리워 피신처를 찾는 백성들의 열기를 식혀 준다.

오늘날에도 도유식(몸에 기름을 바르는 종교적인 의식—옮긴이) 때 영국 국왕의 머리 위에는 우산이 씌워진다. 도유식은 대관식의 가장 성스러운 절차로, 크로포드는 이 의식이 우산과 왕위, 신을 하나로 묶는 고대 이집트인들의 사상과 직접적으로 연관되어 있다고 말한다. 우산은 기독교에서도 큰 역할을 한다. 기원전 8세기까지 우산은 천주교의 상징이었고, 중세에는 전통적으로 교황의 머리 위에 우산이 씌워졌으며, 15세기 교황의 휘장은 우산과 교차된 열쇠들로 이루어졌다.

중국에서 우산은 우주론적 의미를 지녔다. 유교 문서에 따르면 마차용 양산은 우주 그 자체를 상징했다. 우산대는 우주의 축을 의미하며 스물여덟 개의 방사형 우산살은 별을 의미한다. 따라서 양산은 왕을 보호하는 바로 그 행위를 통해 주周왕조의 전지전능함을 상징했다.

우산은 불교 전통과도 긴밀한 연관이 있다. 우산은 부처를 상징하는 여덟 개의 상서로운 표식 중 하나로 행운을 가져온다고 여겨진다. 예술 작품에 나타나는 부처의 모습에는 종종 우산이 함께하는데, 초창기 불교의 조각품에서 텅 빈 공간 위로 펼쳐진 우산은 보이지 않는 부처의 존재를 상징했다. 이는 성소(성찬의 전례 때 사제에 의해 축성된 성체나 성혈을 모셔두는 조그마한 공간—

옮긴이) 앞에서 타는 빛이 하느님의 변함없는 존재를 암시하는 것과도 비슷하다. 우산과 불교의 관계는 아주 긴밀했고, 인도에서 중국을 비롯해 동남아시아로 불교가 퍼져 나가면서 이들 나라에서는 유럽 세계와 접촉하기 한참 전부터 우산과 영적인 존재 간의 연관성이 공고해졌다. 자타카^{Jātaka}(부처의 다양한 탄생 이야기를 담은 인도 문학) 설화 중에는 부처가 태어나자 브라흐마 신이 부처의 머리 위에 흰 우산을 씌워 줬다는 얘기가 있다. 또한 티베트 신전의 제단 위에는 그더그^{gdug}라는 커다란 실크 양산이 걸려 있는데, 시타타파트라^{Sitātapatrā}(산스크리트어로 '흰 양산'을 의미) 여신은 대승불교와 밀교에서 악마와 흑마술로부터 인간을 보호하는 역할을 한다고 알려져 있다.

피신처로서의 우산은 고대부터 신이나 왕을 보호하는 행위와 관련되었다. 따라서 누군가와 우산을 함께 쓰는 행위는 단순히 친절한 행동에 그치지 않는다. 이는 종교적, 역사적으로 큰 의미를 지니며 다양한 작품에서 애틋함을 자아내는 장치로도 쓰인다.

E. M. 포스터의 《전망 좋은 방^{A Room with A View}》(1908)에서 루시 허니처치의 이탈리아 여행은 제비꽃이 가득 핀 산기슭에서 결혼 상대도, 결혼을 약속하지도 않은 한 남자에게 갑자기 키스를 받으면서 예상치 못한 방향으로 흘러간다. 고결한 체하는 사촌 샬

럿 바틀릿은 그 장면을 목격하고 루시를 이 재앙에서 구출하기 위해 즉시 행동에 나선다. 상대 남자를 향한 감정이 차오를 수도 있었지만, 갑작스럽게 들이닥친 폭우 속에서 양산을 함께 쓰며 그녀를 달래 주는 사촌 언니의 존재감과 재빠른 간섭 때문에 루시는 무력해진다.

> 어둠과 함께 비가 내렸다. 두 숙녀는 별 도움이 되지 않는 양산 아래에서 서로를 꼭 붙들었다. 번개가 치자 엘리너 래비시가 초조한 듯 앞 마차에서 소리를 질렀다. 다시 번개가 치자 루시도 소리를 질렀다. (……) 루시는 모포 아래서 사촌 언니의 손이 자신을 다정하게 누르는 것을 느꼈다. 공감의 손길이 너무 필요한 순간에 우리는 그것이 정확히 무엇을 의미하는지, 나중에 그로 인해 얼마나 큰 대가를 치러야 하는지 생각하지 못한다. 샬럿은 이 시기적절한 근육 운동으로 수시간에 걸친 설교나 대질 심문으로도 얻지 못할 많은 것을 얻었다.

이쯤 되자 루시가 저항했더라면 샬럿은 설교나 대질 심문을 했을 거라는 사실이 명확해진다. 루시 또한 그랬을지도 모른다. 사촌 언니를 향한 감정이 그다지 좋지는 않았기 때문이다. 하지만 루시는 혼란스러운 데다 겁에 질렸고, 함께 비를 피한 행위(사촌의 보호 아래 있는 것만큼이나 상징적인)는 그녀의 의지보다 힘이 셌다. 몇 시간 후 루시는 고분고분 샬럿의 뜻을 따르게 된다. "루시는 그 말에 따랐다. 그녀는 샬럿의 지배 아래 있었다."

브라이언 슈얼의 소설에 등장하는 흰색 우산 역시 B 씨의 국적이나 사회 경제적 신분을 널리 알리는 것 말고도, 그와 당나귀의 관계를 보여 주는 상징적인 역할을 한다. 며칠 동안 더딘 속도로 이동하던 B 씨는 자신 앞에 높인 막대한 임무를 절실히 체감하고 하마터면 당나귀를 포기할 뻔한다.

파키스탄의 주요 항구 도시 카라치로 가는 버스를 보았을 때, 그는 그곳에서 런던으로 향하는 비행기에 오를 수 있으리라고 생각했다. 순간 안장주머니를 차고 양가죽을 맨 채 서 있는 파블로바를 그대로 두고 버스에 오르고 싶은 충동이 너무도 강하게 일었다.

다행히 위기를 넘긴 그는 "한층 강한 의지로 커다란 흰색 우산을 펼친 뒤 고삐를 당겨 파블로바를 자신의 옆에 바짝 붙인 다음, 우산을 함께 쓰고 페르시아 국경을 향해 서쪽으로 출발했다".

자신의 우산 아래로 당나귀를 들임으로써 B 씨의 보호자 역할이 마침내 공고해진 것이다. 다시는 흔들리지 않을 터이다.

C. S. 루이스C. S. Lewis의 《사자, 마녀, 그리고 옷장The Lion, the Witch and the Wardrobe》(1950)에서는 우산을 함께 쓰는 행위를 통해 배신에 가까운 행동이 부각된다. 한여름, 루시는 숨바꼭질을 하다가 오래된 옷장 안에서 눈으로 뒤덮인 숲을 발견한다.

> 루시는 멈춰 서서 (……) 숲 한가운데에 왜 가로등이 있을까, 이제 또 어떻게 할까 곰곰이 생각했다. 바로 그때 루시 쪽으로 타닥타닥 다가오는 발소리가 들렸다. 곧이어 아주 이상하게 생긴 사람이 나무들 사이에서 가로등 불빛 아래로 걸어 나왔다.
>
> 루시보다 고작 한 뼘 정도 더 큰 그 사람은 머리 위로 하얀 눈이 쌓인 우산을 펴 들고 있었다. 허리 위쪽은 사람 같았지만 다리는 염소 같고(털은 반질반질한 까만색이었다) 발 대신 발굽이 달려 있었다. 꼬리도 하나 달려 있는데, 눈 위에 끌릴까 봐 우산을 든 팔 위에 가지런히 걸쳐 놓아 처음에는 루시도 보지 못했다.

루시가 정말로 인간이라는 것을 안 파우누스(반은 인간이고 반은 염소인 상상 속 종족―옮긴이)는 루시를 "따뜻한 불과 토스트, 정어리, 케이크"가 있는 자신의 동굴로 초대한다. 루시가 이 초대를 받아들이자 툼누스 씨는 루시를 자신의 우산 아래로 들이며 이렇게 말한다. "이브의 딸, 제 팔짱을 끼세요. 그러면 함께 우산을 쓸 수 있어요."

식사를 마친 뒤 죄책감에 시달린 파우누스는 자신의 정체를 밝힌다. 그는 나니아를 지배하는 사악한 하얀 마녀에게 루시를 넘기려고 했던 것이다. 차마 루시를 납치할 수 없었던 그는 집으로 돌아갈 수 있도록 가로등까지 데려다주겠다고 약속한다. "둘은 자리에서 일어나 식탁 위의 찻잔들을 그대로 둔 채 그곳을 떠났다. 툼누스 씨는 또다시 우산을 펴 들고 루시에게 팔짱을 끼게 하고는 눈 속으로 걸어 나왔다." 돌아가는 길은 파우누스의 동굴로 왔던 길과는 판판으로 그려진다. 이번에 파우누스는 정말로 루시를 보호하려 하기 때문이다. "둘은 아무 말 없이 최대한 빠른 걸음으로 움직였고, 툼누스 씨는 계속해서 어두운 곳으로만 갔다." 두 번째로 우산을 함께 쓰는 것은 파우누스의 우정이 처음 발현된 행동으로, 그는 그 후로 루시의 진정한 친구이자 믿음직한 조언자로 남는다. 사실 우산은 이 소설이 탄생하는 데 상당히 중요한 역할을 했다. C. S. 루이스는 에세이 〈모든 것은 한 장의

어두운 밤에 가로등으로 돌아가며 두 번째로 우산을 함께 쓰는 툼누스 씨와 루시.

사진에서 시작되었다〈It All Began with a Picture...〉(1960)에서 "눈 덮인 숲에서 파우누스가 우산과 짐 꾸러미를 들고 있는 모습"을 떠올리며 《사자, 마녀, 그리고 옷장》의 줄거리를 구상하게 되었다고 설명한다.

〈우산은 두고 오세요Please to Leave Your Umbrella〉(1858)라는 에세이는 찰스 디킨스가 쓴 가장 사적이며 암시적인 글이라 할 수 있다. 이 작품은 자아 정체성에 관해 예리하게 풀어낸 일종의 명상록으로, 그가 "가슴팍"에 늘 간직하고 있는 "작은 이성"에 관한 감미로운 비유가 돋보이는 작품이다(비평가들은 이 "작은 이성"이 그가 열정적으로 사랑한 배우 엘런 터넌을 암시한다고 주장한다). 이 에세이는 화자와 그의 작은 이성이 우산이라는 보호막 아래에서 걸어 나가는 모습으로 끝이 난다.

> 나는 표를 도로 건네고 우산을 돌려받은 뒤, 나의 작은 이성과 함께 빠르게 떨어지는 봄비 아래로 우산을 쓴 채 꿈을 꾸듯 걸어 나갔다. 봄비 안에는 다가오는 여름의 서걱대는 소리가 담겨 있었다.

존 보엔은 이 부분이 화자와 작은 이성이 (그의 가슴팍을 제외하고) 함께 그려지는 유일한 장면이라고 말한다. 그는 농담처럼 이 장면이 디킨스의 작품에서 우산이 원래 용도로 사용되는 드문 사례라고도 언급한다.

보호나 피신처 제공은 둘 다 훌륭한 역할이기는 하지만, 왕의 우산 아래 생기는 그늘에서 살펴본 것처럼 가장 많은 의미를 부여받는 것은 단연 우산이 만들어 내는 그늘이다. 고대 이집트 상형문자 중에는 우산 모양으로 된 수가 있는데, 이는 대략 '그늘'로 번역된다. 이 문자는 왕위(앞서 언급한 왕의 권력이나 보호라는 그늘)를 뜻하기도 하지만 사람의 그림자, 즉 카이빗[khaibit]을 지시하기

중앙아프리카 왕의 무덤.

도 한다. 카이빗은 사람이 지닌 재생력의 근원으로 여겨졌는데, 사망 후 부활한 신체는 그림자 없이 완성될 수 없다고 여겨졌기 때문이다.

크로포드의 말을 빌리자면 "죽은 자의 영혼이 더럽혀지는 것을 막기 위해" 인도의 묘 안에 천국의 상징으로서 안치되든, 보르네오에서 사망한 통치자의 무덤 위에 얹어지든, 우산은 여러 문화에서 오랫동안 죽음을 상징했다. 인도 고대의 대서사시《마하바라타Mahabharata》를 보면 "판두 군주의 시신이 놓인 짚은 파리채, 부채, 양산으로 장식되었다. 음악이 연주되자 수백 명의 사람이 (……) 파리채와 양산을 건네받았다"라는 문구에서 양산이 넘쳐나는 국왕의 장례식을 엿볼 수 있다. 부처는 탄생 설화에 걸맞게 기원전 487년, 장례식 행렬에서 우산과 양산의 그늘 아래 시신이 놓였다고 한다. 아프리카의 아쉬라 부족은 자신들의 무덤 위에 우산이 놓이도록 미리 준비해 두었는데, 150년 전에 사용되었던 이 우산들은 아직까지도 케이프 코스트성Cape Coast Castle(현재 가나에 위치한 대서양 횡단용 노예 무역 항구)의 무덤에 그늘을 드리우고 있다.

하지만 우산의 그늘이 지니는 의미는 죽음에 한정되지 않고 부활을 비롯해 신체의 당연한 귀결인 재생으로까지 이어진다. 수많은 문화, 특히 인도와 고대 그리스에서 우산은 생산이나 수확의 신과 긴밀한 관계를 맺었다. 그중 가장 중요하고 유명한 신은 데메테르Demeter와 페르세포네Persephone로 둘 다 풍부한 수확과 관련되어 있다. 옥타브 위잔은《차양, 장갑, 토시》에서 여성들이 이 두 여신을 기리기 위해 축제 기간에 양산과 바구니를 들고 다녔다고 말한다. 크로포드의 주장에 따르면 겨울에 죽고 봄에 다시

우산을 들고 있는 기원전 8세기 여성의 모습.

태어나는 식물을 상징하는 페르세포네는 종종 손에 우산을 들고 있는 모습으로 꽃병에 새겨졌다.

그리스 로마 신화 속 바쿠스Bacchus 신의 숭배자들 역시 우산을 휘둘렀다. 바쿠스는 죽음과 부활, (재)생산을 관장하는 신이었다. 이 신을 숭배하는 자들, 즉 바쿠스의 사제들이 그를 기리는 축제에 너무 빠져 방탕한 생활을 즐기는 바람에 한동안 우산은 에로틱한 상징물로 여겨지기도 했는데, 기원전 5세기경 우산의 기능이 일상적인 차양으로 자리 잡을 때까지 이 같은 현상이 지속되었다. 장 M. 터파Jean M. Turfa는 〈에트루리아 예술에 등장하는 양산Parasols in Etruscan Art〉에서 로마 석관에 나타난 "빛과 죽음, 결혼식 이미지" 간의 관계를 기술한다. 한 석관에는 남편이 될 바쿠스와 여행 중인 아리아드네Ariadne의 머리 위에 양산이 씌워져 있는 모습이 새겨져 있는데, 아리아드네는 죽어야만 불멸을 얻을 수 있기에 "그녀의 결혼식은 사실상 장례식이나 다름없다". 이후로 우산과 양산은 온갖 문화에서 결혼식에 수없이 등장했고 힌두, 아프리카, 유대교 (후파chuppah [유대식 결혼식에서 전통적으로 사용되는 웨딩 아치로 히브리어로 '차양'을 의미—옮긴이]라는 형태로), 초기 영국의 다양한 전통에서 신랑과 신부의 머리 위에 씌워졌다.

크로포드는 '그늘지게 하다'는 뜻의 프랑스어ombrager와 독일어 beschatten가 한때 성교 중 수소가 암소를 덮치는 방식을 가리켰다고 말한다. 이 관점에서 보면 밀란 쿤데라의《참을 수 없는 존재의 가벼움The Unbearable Lightness of Being》(1984)에 등장하는 다음 내용이 꽤 흥미롭게 다가온다.

그러나 묵직함은 진정 끔찍하고, 가벼움은 아름다울까?

가장 무거운 짐이 우리를 짓누르고 허리를 휘게 만들어 땅바닥에 깔아 눕힌다. 하지만 유사 이래 모든 연애 시에서 여자는 남자 육체의 하중을 갈망했다. 따라서 무거운 짐은 동시에 가장 격렬한 생명 완성에 대한 이미지가 되기도 한다.

묵직함(가벼움의 결여)과 그늘(빛의 결여) 간의 에로틱한 유사점은 미묘하기는 하지만 결코 외면할 수 없는 특징이다.

오늘날에는 섹시하거나 로맨틱한 사물로 알려져 있지 않

만, 역사적으로 우산은 에로틱한 상징물로 다양하게 묘사되었다. 오비드[Ovid]는《사랑의 예술[Ars Amatoria]》(서기 2년경)에서 남성 독자를 향해 이렇게 조언한다.

그녀의 양산을 활짝 펴 들기 바란다.
무리 사이로 그녀의 앞길을 터 주기 바란다.

이는 당시로서는 혁명적인 생각이었다. 여성의 우산을 드는 것은 노예의 일이었기 때문이다. 마이클 드레이턴[Michael Drayton]은 《뮤즈 엘리지움[The Muses Elizium]》(1630)에서 사랑하는 이에게 한 쌍의 비둘기를 건네며 우산으로 이용하라 말하는 연인을 노래한다.

앙증맞은 비둘기 한 쌍이오,
이 비둘기들은 당신이 산책하러 나갈 때면
당신의 머리 위를 조용히 선회하고
태양으로부터 당신을 보호해 주며
민첩한 날개로 당신을 부채질해 줄 것이오,
추위도 더위도 당신을 괴롭히지 못하게 할 것이오,
그리고 마치 우산처럼 자신들의 깃털로

어떠한 날씨에도 당신을 보호할 것이오.

존 보엔은 찰스 디킨스의 우산, 특히 《니컬러스 니클비》 ^{Nicholas} ^{Nickleby}에 나오는 헨리에타 페토우커의 우산에는 에로틱한 면이 다분하다고 말한다. "극장 윗자리에 있는 우산 중 가장 훌륭한 자신의 우산의 멋들어진 남근 같은 모습에 사람들이 경탄하고 있음을 알고 있는" 그녀는 술에 취한 웩포드 스퀴어스가 우산을 침대로 가져가려 하자 그러지 못하도록 한다. 보엔은 특히 디킨스의 소설 속 여성들이(특히 갬프 여사) 휘두르는 수많은 우산의 "찌르는 능력"에 대해 언급하며 자크 데리다 ^{Jacques Derrida}가 《에쁘롱: 니체의 문체들 ^{Spurs: Nietzsche's Styles}》(1978)에서 우산을 "보통 베일에 싸여 있는 남근의 (……) 자웅동체적인 돌출부"라고 묘사한 예를 든다. 이 같은 묘사는 우산을 남성적인 동시에 여성적인 상징물로 만들 뿐만 아니라 성적인 특징을 강하게 부여하기도 한다. 보엔은 디킨스의 소설에 등장하는 성적으로 유명한 여성들이 스커트의 "베일" 아래 숨어 접힌 우산(디킨스의 시대에는 제작 기술이 부족했기 때문에 오늘날 우리가 사용하는 끝이 뾰족한 호리호리한 모습이 아니라 남근에 가까운 형상을 지녔다)을 조종한다고 주장한다. 《리틀 도릿 ^{Little Dorrit}》에 등장하는 F 여사의 숙모는 "자신의 완벽한 발

옆쪽: 기타가와 우타마로(喜多川歌麿)의 18세기 그림 〈연인들〉. 우산을 함께 쓴 연인들의 모습을 담고 있다.

櫛川
忠吉酒

등을 우산으로 문지르며", 《황폐한 집Bleak House》의 바그넷 부인은 트루퍼 조지의 어깨 사이를 계속해서 "우산으로 쿡 찌른다". 또한 갬프 여사의 우산 꼭지는 보엔이 풍자적으로 말하듯 탁월하게 물을 내뿜는 "노즐"로 그려진다.

아리엘 부조는 빅토리아시대 잡지에 등장한 우산과 관련된 무수한 에세이나 소설 중 우산을 도구로 이용하는 러브 스토리에 주목한다. 이 같은 에세이나 소설에는 비 때문에 발이 묶인 여성이 우산을 손에 들고 나타난 신랑감에 의해 빗속에서 구출되는 장면이 가장 보편적으로 등장하는데, 이 중에는 우산 아래서 피어난 로맨스 덕분에 한 은행가가 "훌륭한 아내를 맞이하게 되었다"는 이야기도 있다. "'나의 여왕님!' 남자가 속삭였다. '우산을 갖고 와서 어찌나 다행인지! 그러지 않았다면 당신을 아내로 맞이하지 못할 뻔하지 않았소.'"

일본에서는 영국보다 훨씬 앞서 우산과 함께(또는 우산 아래서) 피어난 러브 스토리가 예술 작품에 종종 등장했다. 줄리아 미치는 《비와 눈: 일본 예술 작품에 나타난 우산》(1993)에서 우산의 시각적인 묘사와 관련된 "호기심과 열정"에 대해 설명한다.

밀회 현장으로 이동하는 에도시대 창녀들은 근사한 자노

메[20]를 썼을 때 더욱 아름다워 보인다. 그녀들은 사랑을 입증하기 위해 높은 곳에서 뛰어내리곤 했는데, 펼쳐진 우산을 손에 든 채 천천히 착지했다. 남자와 여자가 우산 하나를 함께 들고 걸어가는 모습보다 강렬한 장면은 없다.

우산을 들고 뛰어내리는 모습은 예술가들의 호기심을 자아냈고, 1760년대에 최소 네 명의 예술가가 우산만을 든 채 높은 곳(보통 절)에서 뛰어내리는 여성을 그린 그림을 선보였다. 우산을 들고 뛰어내리는 행위는 연애의 미래를 점치는 리트머스 시험지였다. 여성이 무사히 땅에 내려올 경우 "행복이 보장되었다"(물론 자기 충족적인 예언이었을 것이다. 행복은 부러진 발목이나 부서진 골반에서는 오지 않는다). 미치는 흥미로운 디테일도 놓치지 않는다. 그의 말에 따르면 다음 쪽의 그림 속 동그랗게 말린 여성의 맨발은 성적인 의미도 담고 있었다.

윌 셀프의 《우산》은 에로틱한 가능성으로 들끓는다. 비가 억수로 쏟아지는 날 스탠리가 곧 연인이 될 아델라인을 만나는 첫 장면은 특히 그러하다.

---

20 '뱀의 눈(蛇の目)' 우산. 우산 꼭지를 중심으로 대조적인 색상의 종이를 번갈아 장식해 위에서 내려다보면 파충류의 눈처럼 보였기에 그러한 이름이 붙었다.

스즈키 하루노부(鈴木春信) 〈기요미즈데라 무대에서 뛰어내리는 미인(清水の舞台より飛ぶ美人)〉 (1765).

(……) 그녀의 옷은 흠뻑 젖어 있었다. 가슴과 복부 (……) 허벅지에 천이 들러붙었다. 스탠리는 그 어떠한 방해물도, 장애물도 없다는 것을 깨달았다. (……) 그녀는 양산을 펼쳤다. (……) 이 화려한 껍데기를 쓴 채 그들은 (……) 집으로 향했다.

스탠리의 동생 오드리는 연인 길버트와 사랑을 나눈 후 하이홀본을 따라 우산을 들고 걷는 이들을 바라보면서 열네 살 때 아버지와 우연히 만났던 사건을 떠올린다. 아버지는 성매매 여성과 20세기 초 포르노 영화 제작 현장에 있었다. 오드리를 보고도 눈 한 번 깜빡하지 않은 아버지는 옷매무새를 다듬더니 카메라 맨과 여배우를 향해 작별 인사를 건넨 뒤 우산을 집어 들고는 오드리를 데리고 방에서 나온다. 길버트는 갑자기 왜 그날이 생각났냐고 묻는다. "'우리가 방금…… 자서요?' 아뇨, 오드리는 대답한다. '그게 아니라 길버트…… 우산 때문이에요.'"

4 | 우산에 담긴 남과 여

우산을 이용한 에로틱한 연출에서는 철저하게 이성애만을 다룬다는 특징이 있다. 나는 우산과 관련된 자료를 찾기 위해 지난 수년 동안 방대한 독서를 했지만, 동성애적인 욕망을 우산과 결부시킨 사례는 단 하나도 보지 못했다. 내가 읽은 책들을 포함한 다수의 문서에 편향성이 내재된 탓이거나, 고전 문학을 비롯해 현대 소설에서조차 동성애를 다루는 사례가 별로 없기 때문일지도 모른다. 우산을 이용한 에로티시즘이 점차 힘을 잃고 있는 바람에 우산 자체가 문학 장치로서 점차 드물게 사용되고 있다고도 볼 수 있겠다. 마거릿 애트우드^{Margaret Atwood}의 《눈먼 암살자^{The Blind Assassin}》(2000)에서 연로한 아이리스 체이스 그리핀은 손녀딸에 대해 이렇게 말한다. "(그 애는) 우산을 갖고 다닌다는 생각을 비웃겠지. 젊은 것들은 비바람에 싸다구를 맞으며 그걸 상쾌하다고 생각하니까." 어쩌면 두 연인이 한 우산 아래 웅

옆쪽: 스즈키 하루노부의 18세기 작품 〈라쇼몽의 서신〉. 여성이 남성의…… 우산 끝을 만지며 교태를 부리듯 장난치고 있다.

크리고 있는 널리고 널린 (고전 영화나 빈티지 사진에 등장하는, 이성 간의 로맨스를 강조하는 뻔한 문구가 달린) 이미지는 전통적인 성 역할을 지나치게 부각한 나머지 '동성애 문학'에서는 별로 관심을 못 받는지도 모른다.

시대와 장소, 문화적 맥락에 따라 수법이 달라졌을지 모르지만 우산에 성적인 특징을 담으려는 시도는 1000여 년 전으로 거슬러 올라가며, 심지어 현재까지도 이어지고 있다. 이 사실을 입증하는 증거는 우리 주위에서 비교적 쉽게 찾아볼 수 있다.

우산(또는 양산)은 마는 즉시 그 자리에서 성적인 상징물이 되고 만다. 수많은 문학 작품이나 예술 작품에서 접은 우산은 남근을 상징하는 은유로 등장한다(물론 앞서 언급한 것처럼 데리다는 이를 남성성의 상징으로 보는 대부분의 의견과는 달리 자웅동체적인 특징을 강조하는 다소 미묘한 관점을 취하기도 했다). 로트레아몽Comte de Lautréamont의 산문시 〈말도로르의 노래Les Chants de Maldorer〉(1868-1869)에는 한 소년을 "해부대 위에서 재봉틀과 우산이 우연히 만나는 것처럼…… 아름답다"고 묘사하는 유명한 구절이 등장한다. 수십 년 후 이 구절은 다다이즘 작가와 예술가들에게 영감을 불어넣는다. 이들은 이 구절에 담긴 초현실주의와 은밀한 성적 함의에 경탄했다(남성을 상징하는 우산과 여성을 상징하는 재봉틀이 해

부대라는 '침대'에서 만난다는 뜻으로 만 레이^{Man Ray}는 1920년, 〈이시도르 뒤카스의 수수께끼^{L'Enigme d'Isidore Ducasse}〉라는 조각 작품으로 이를 표현했다).

그렇다고 해서 우산에 성적인 의미를 부여하는 행위를 단순히 저속한 농담으로 치부할 수만은 없다. 여기에는 훨씬 복잡한 역학 관계가 존재하는데, 우산과 양산 간의 차이가 바로 여기서 더욱 극명해진다. 찰스 디킨스는 〈우산〉에서 양산을 "우산의 여동생"으로 묘사했으며, 에밀리 디킨슨^{Emily Dickinson}은 한술 더 떠 〈양산은 우산의 딸^{The Parasol Is the Umbrella's Daughter}〉이라는 시를 남기기도 했다.

우산의 딸인 양산은
아버지인 우산이 폭우와 맞서
비를 막아 내는 동안
부채와 오손도손 사이좋게 지내지.

양산은 평온하게 전시된 채
매혹적인 여인을 거들지만
아버지인 우산은 견뎌 내고 기려지는 가운데

이날까지 누군가에게 빌려지는 삶을 살지.

이 시에서 드러나는 가부장 주의에 주목하기 바란다. 의인화된 사물을 통해 성 고정관념이 강화되고 있다. "기려지는" 남성은 수호자이자 보호자, 용감한 전사로 그려지며 여성은 교태를 부리는 연약한 사물(부채)이나 무언의 행위("평온하게 전시된 채")와 연루된다. 아버지인 우산이 이 세상에 먼저 태어났다는 암시는 두 사물의 역사에 반하는데, 실제로는 양산이 우산보다 1000년 먼저 이 세상에 등장했다.

오늘날 도처에 널려 있는 검은색 우산에는 특정한 성을 기리고자 하는 의도가 없어 보이지만, 〈제임스 스미스 앤드 선즈〉의 문만 열고 들어서도 우산을 이용한 성차별의 오랜 역사가 가져온 결과를 목도할 수 있다. 왼편에는 온갖 수술로 장식된 앙증맞은 우산들이 진열되어 있는데, 하나같이 가느다란 우산살에 우아한 손잡이(보통 강아지 머리가 새겨져 있다), 호화찬란한 직물로 만든 것들이다. 오른편에는 훨씬 더 큰 우산들이 다양하게 전시되어 있다. 짧은 손잡이가 달린 실용적인 우산들, 크고 넓으며 튼튼한 이 우산들에 술 따위는 달려 있지 않다. 여성이든 남성이든 어떠한 우산이라도 살 수 있지만, 얇은 손잡이가 달린 큼지막한 장 우산을 찾는 여성이나 악어 머리 장식을 단 균형 잡힌 짙은 분홍색 우산을 원하는 남성에게는 특별 맞춤 제작이 아니고서는 선택지가 거의 없다.

〈폭스 우산Fox Umbrellas〉(19세기에 파라곤 우산살을 개발한 그 폭스 사) 역시 제품군을 여성용과 남성용으로 나눈다. 한쪽에는 술이 달린 하늘하늘한 우산에 주름 장식이나 파스텔 계열 손잡이를 옵션으로 제공하고, 다른 쪽에서는 땅딸막하며 별다른 장식이 없는 우산에 다양한 나무 손잡이를 옵션으로 제공한다. 영국에서 가장 오래된 우산 제조업체인 〈스웨인 애드니 브리그〉 역시 덜 노골적이기는 하지만 우산에 성적인 특징을 담는다. 매장 내 비치되어 있는 수수한 제품들은 스미스나 폭스의 제품에 비해 중성적인 분위기를 풍길지 모르지만, 이 기업의 웹사이트를 슬쩍 훑어보기만 해도 그들이 노리는 고객층을 단박에 알 수 있다. "자존심 있는 남자라면 양산 따위는 쓰지 않겠죠"라든지 "왕자를 위한 우산" 같은 홍보 문구만 봐도 분명하지 않은가?

하지만 공평을 기하려면 전통적인 우산 제조업체를 비롯해, 수세대에 걸쳐 우산을 사용하고 제작하는 과정을 통해 우산의 성역할을 결정하는 데 일조한 사람들의 입장에서도 말해야 하지 않을까 싶다. 사실 기능적인 제품이든 패션 소품이든 어떠한 면에서 특정한 성을 연상시키지 않거나 그러한 방향으로 홍보되지 않는 제품은 찾아보기 힘들다. 면도 크림이나 휴지, 면도기 같은 단순 소비재나 책, 음악, 영화 같은 문화 상품은 오늘날까지도 계속해서 그러한 취급을 받고 있다.

게다가 신시아 바넷이 《비: 자연적이고도 문화적인 역사》에서 설명했듯, 역사적으로 우리 인간은 비마저도 특정한 성으로 치부해 왔다. 비와 남성성 간의 관계는 인류 역사상 가장 오래된 신으로 거슬러 올라간다. 황소를 타고 다니며 번개를 휘두르는 메소포타미아의 비의 신은 수메르인들에게는 이스쿠르^{Iškur}, 아카드 사람들에게는 아다드^{Adad}라고 불렸다. 바넷의 설명처럼 새로운 땅에 정착한 농부들은 비가 내리도록 하기 위해 그 어느 때보다도 많은 노력을 쏟았을 것이다.

농사를 짓는 데 관개보다 비에 더 많이 의존했던 지역에서는 폭풍의 신들이 가장 위대한 신으로 추앙받았다. (……) 아직까지도 풍요를 기리는 찬가로 여겨지는 이 신들은 기분이 좋을 경우 비를 내려 비옥한 땅을 주었지만, 화가 날 때에는 가뭄과 홍수로 척박한 땅을 내렸다.

사람들은 그 후로 수세기 동안 폭풍의 신들을 황소와 결부해 생각했다. 황소의 발굽 소리는 멀리서 천둥이 우르릉거리는 소리 같았고, 황소 자체는 남성성이나 정력을 상징했다. 비의 여신은 기록된 바가 없으며, 바넷은 신석기시대 폭우의 신 옆에서 "동석하는 파트너"로서 여성이 기능했다고 말한다. 비라는 경기에 실질적인 선수로서 참여하기보다는 그저 상대를 기분 좋게 하는 역할에 머물렀던 것이다.

이 같은 전통 때문에 수많은 문화에서 생명을 선사하는 비의 특징을 정자와 연결 짓곤 했다. 바넷은 비를 몰고 오기를 바라며 농부와 아내가 들판에서 사랑을 나누거나 벌거벗은 여인을 들판에 보내 "비를 향해 상스러운 노래를 부르도록" 하는 행위에 대해 언급한다(여성이 구름을 유혹하는 것이 기분 좋은 일인지, 으스스한 일인지는 잘 모르겠다). 북미 원주민들은 폭우를 남성으로, 조용히 내리는 비를 여성으로 취급했다. 바넷은 비를 의미하는 산스크리트어 '바르샤varsha'는 더 오래된 '브리쉬vrish'라는 단어에서 유래했는데, 브리쉬는 '남성적 힘'이나 '생식력'이라는 의미를 담고 있다고 말한다. 유대교 전통에서는 비를 남성으로, 비를 담는 용기인 강과 호수를 여성으로 취급한다. 힌두인들 역시 강을 여성으로 생각했으며 몬순 홍수 기간에는 이를 여성의 임신과 결부해 생각하기까지 했다.

우산과 양산이 특정한 성을 얻게 된 것은 그다지 놀랄 일도 아니다. 고대 로마와 그리스에서 양산의 사용은 여성에게로 제한되었는데, 보다 구체적으로 말하면 양산을 들고 있는 노예에게로 한정되었다. 기원전 520년 아나크레온Anacreon의 《아테나이오스Ap Athenaeus》에는 아르타몬이라는 사람이 등장하는데, 그는 "여성처럼" 양산을 사용한다고 조롱받곤 한다. 앙리 에스티엔Henri Estienne 의 《대화Dialogues》(1578)에 등장하는 켈트 양식 애호가는 다음과 같은 질문을 던지기도 한다.

스페인이나 이탈리아에서 파리가 아니라 비를 피하기 위해 지위가 높은 사람이 무슨 물건을 들고 다니는 것을 본 적이 있습니까? 막대기에 달린 물건으로, 접으면 부피가 얼마 안 되도록 만들어졌지만 필요할 때 바로 펼치면 서너 명은 거뜬히 그 아래로 들어갈 수 있습니다.

필란손은 그러한 물건을 본 적이 없지만 "프랑스 여성이 그러한 물건을 남자가 들고 다니는 것을 본다면 여자 같다고 생각할 것이다"라고 대답한다.

크로포드는 "모든 증거"에 따르면 영국에서 비를 막는 용도로 우산을 처음으로 사용한 이들은 여성이었다고 말한다. 그랬기에 초창기에 남자들이 우산 쓰기를 꺼려했던 것이다. 존 뉴턴^{John Newton}(노예 무역상 겸 노예해방론자이자 〈나 같은 죄인 살리신^{Amazing Grace}〉 작곡가)은 18세기에 "모자 없이 우산을 들고 다닐 경우, 잔소리하는 주인아주머니의 심부름으로 비 오는 날 서둘러 흑맥주를 사러 가는 사람마냥 이도 저도 아닌 처지에 놓이고 만다"고 말했다.

존 게이^{John Gay}는 〈하찮은 정보: 또는 런던 거리 걷기^{Trivia: or The Art of Walking the Streets of London}〉(1716)에서 누가 우산을 들 수 있는지 확실히 밝힌다. 여성 또는 그들이 부리는 노예다.

훌륭한 주부는 겨울의 분노를 가벼이 여기지.
두건이나 모자 아래
또는 기름 입힌 우산의 캐노피 아래 몸을 숨기거나
나막신²¹을 딸가닥거리며 빗물을 뚫고 가지.
페르시아 여성은 눈부신 태양으로부터 아름다움을 보호하도록
우산살을 펼쳐 보이고

---

21 나막신(Pattens): 중세부터 20세기 초까지 사용된 굽이 있는 덧신. 진흙탕 길과 오솔길이 포장길로 대체되면서 사라졌다.

동양의 군주는 자신들의 영토를 보여 줄 때

땀 흘리는 노예에게 우산을 들고 있도록 시키지.

영국의 겨울은 도움의 손길만을 보여 준다네,

차가운 비로부터 처녀를 보호하기 위해.

누군가를 놀리는 행위에는 당시의 사회적 규범이 강하게 반영되어 있기 마련인데, 1709년 12월 12일《피메일 태틀러^{The Female Tatler}》에 실린 기사 역시 예외가 아니다.

콘힐에 위치한 〈윌스 커피하우스〉에서 여주인의 우산을 빌리는 젊은 남성은, 머리부터 발끝까지 젖지 않기 위해 기꺼이 여성의 나막신을 신는 사람일 것이다.

하지만 앞서 살펴봤듯 19세기가 되자 우산의 역할에 변화가 일어난다. 우산은 더 이상 여성만이 사용하는 물건이 아니고, 남성이 우산을 쓰더라도 부끄러운 행동으로 여겨지지 않게 되었다. 급기야 레너드 바스트가 활동하던 당시 우산은 남성의 복장에서 없어서는 안 되는 필수품으로 자리 잡았다. 이 같은 변화와 동시에 양산의 인기가 급증했고, 이로써 (남성의) 우산과 (여성의) 양산이라는 성 구분이 자리를 잡으면서 거의 200년 동안 유지되었다.

중상류층 여성의 손에 들린 양산은 레이스와 수술, 자수 장식 등으로 더욱 화려해졌다. 더욱 길어진 우산대는 진주, 코뿔소 뿔, 상아, 흑단으로 장식되었고, 도기 손잡이에는 진귀한 보석이 아로새겨지거나 사자, 용, 말, 그레이하운드가 조각되었다. 또한 커다란 도기 손잡이, 양단 캐노피, 깃털, 리본, 나비 매듭 장식도 등장했다. 1844년에 출시된 '라 실피드La Sylphide' 양산은 손잡이에 달린 버튼 하나만으로 펴고 접을 수 있었는데, 비싸기는 했지만 대단히 편리한 제품이었다(《우산 회고록》에 등장하는 가난한 재봉사는 결혼식 날 이 우산을 쓰기 위해 백방으로 노력했다). 1851년 프랑스의 양산 제작자 르네 마리 카잘René-Marie Cazal은 〈우산, 양산, 지팡이, 그리고 그들의 제조에 관한 역사적, 우화적 에세이Historical and Anecdotal Essay on the Umbrella, Parasol and Walking-Stick〉라는 글에서 여성의 매력을 증진시키는 양산의 역량을 칭송하기도 했다.

양산은 장밋빛 수증기처럼 여성의 얼굴을 부드럽게 만들거나 뿌옇게 보이도록 한다. 여성의 시든 안색은 양산 속에서 다시 피어나고, 투명한 막 덕분에 그녀의 얼굴은 보호받는다. (……) 장밋빛이나 하늘색 돔 아래 피어난 열정은 무르익어 만개하고 (……) 그 꽃부리 아래에서 얼마나 많은 달콤한 미소가 오갔는지! 서로를 향한 매력적인 몸짓은, 마법과도 같은 모습은 또 얼마나 수없었는지!

양산은 빅토리아시대 여성의 패션에서 정말로 핵심적인 역할을 했다. 찰스 블랑Charles Blanc은 《장신구와 드레스에 나타난 예술Art in Ornament and Dress》(1877)에서 양산을 여성이 남성을 유혹하고 애태우며 환심을 사기 위해 사용하는 "교태의 무기"로 묘사했다. 하지만 양산은 단순히 그러한 수단으로만 사용되지는 않았다. 당시 여성들은 경제적인 문제 때문에 결혼을 해야 한다는 압박을 받는데, 이는 결국 '괜찮은 신붓감'으로 보여야 한다는 사회적 압력으로 이어졌다. 이를 위해서 여성들은 가능한 한 젊어 보여야 했고, 앞서 언급했듯 양산을 사용할 경우 귀족처럼 희고 깨끗한 피부를 유지하는 데 도움이 되었다. 게다가 잘 고른 양산은 여성의 얼굴에 젊음의 생기를 부여함으로써 많은 혜택을 가져다주었다. 당시 인기 있던 노래 〈양산 퍼레이드The Parasol Parade〉의 가사에는 이 같은 내용이 잘 담겨 있다.

해변에 도도한 소녀가 서 있네.

노먼 왓슨(Norman Watson)은 《참정권 캠페인의 글과 이미지(Text and Imagery in Suffrage Propaganda)》라는 논문에서 반참정권 캠페인에 사용된 우산(권력과 폭력의 잠재력을 상징하는)에는 남녀평등 실현을 두려워한 일부 남성이 느낀 위협이 반영되어 있다고 주장한다.

무도회라도 온 것마냥 이리저리 돌아다니네.

소녀라고 했지만 거의 마흔이 다 되어 가는 여인이지.

집에서였다면 그 나이대로 보이겠지만

양산을 쓰고 걷는 그녀의 모습은

매력적이고 우아하기만 해.

손에 들고 있는 양산의

분홍색과 흰색이 비친 덕분에

마치 그것이 진짜 피부색처럼 보이지.

젊은 여성, 그리고 그다지 젊지 않은 여성을 위해 찰스 블랑은 양산의 색상을 잘 고르는 방법에 대한 유용한 조언도 잊지 않았다. 그의 주장에 따르면 이상적인 색상은 분홍 장미색이나 카네이션색이며 보라색, 빨간색, 갈색은 절대로 피해야 한다. 블랑은 여성들에게 드레스가 자신의 피부에 어울리지 않는 색상이라면 양산의 색을 드레스 색에 맞추고 싶은 유혹에 빠져서는 안 된다고 조언한다. "아름다운 여성은 시각적으로 조화를 이루어야 한다는 법칙을 깨는 한이 있더라도 자신의 미를 절대로 희생하지 않을 것이다."

20세기 초, 양산 패션은 우스꽝스러울 정도로 화려해졌다. 고급 양장점이나 개인들은 기상천외하며 이목을 끄는 양산을 만들어 냈고, 너무 이목을 끄는 바람에 폴로 경기에서는 경기 시작 전에 양산을 숨기는 것이 불문율로 여겨질 정도였다. 양산의 리본이나 깃털, 밝은 색에 말이 겁먹을 수 있기 때문이었다. 1922년에는 개 양산이 인기를 끌었다. 본래 이 용어는 손잡이에 개머리 모양이 정교하게 새겨진 양산을 칭하는 용어였으나, 그해 원예관에서 페키니즈와 프렌치 불도그 클럽 전시가 있을 때 혈통 있는 사냥개를 보호하기 위한 미니어처 양산이 제작되면서 정말 개를 위한 양산이라는 뜻으로 사용되기 시작했다.[22] 하지만 이쯤 되자 양산의 인기는 서서히 하락했고, 일광욕이나 햇볕에 탄 피부의 인기가 급상승하면서 결국 유행에 뒤떨어진 물건으로 취급받게 되었다.

그렇다면 우산은 어땠을까? 역시 19세기 전반, 눈길을 끌기 위한 교묘한 우산들이 등장했다. 향수나 글 쓰는 도구를 담을 수 있도록 속이 움푹 파인 손잡이가 장착된 우산, 커버에 커튼을 친 우산, 손잡이에 병이 달려 있어 고인 빗물을 담을 수 있도록 한 우산, 여성의 허리받이를 가릴 수 있도록 한쪽 방향으로 길쭉한 우산, 창문이 달린 우산, 우산살의 끝마다 스펀지가 달린 우산, 펼치

---

22 비웃고 싶다면 그러지 않기를 바란다. 개 우산은 오늘날까지도 사용되고 있다.

THE SEASON'S SUNSHADES

1909년 양산 광고.

면 휘파람 소리가 나는 우산, 커버와 우산살이 우산대 안으로 접혀 들어가면서 지팡이가 되는 "라브도스키도포로스^{rhabdoskidophoros}" 우산도 있었다. 하지만 빅토리아시대에 활동한 한 작가가 《젠틀맨 매거진^{The Gentleman's Magazine}》에서 간략하게 언급했듯 이 같은 우산들은 예외적인 사례였다.

> 하지만 접히는 우산, 우산 지팡이, 주머니 우산 같은 기발하지만 비현실적인 우산을 들고 다니는 이들은 흔치 않다. 이들은 자신의 비상한 머리를 과대광고하고 싶은 개발자나, 재치는 없고 허영심만 넘쳐 이 기이한 장치를 남들에게 보여 줌으로써 저렴한 명성을 노리는 자들이다.

"기발하지만 비현실적인 우산"(접히는 우산? 주머니 우산? 세상이 도대체 어떻게 되려고 그랬을까?)을 애호하는 사람은 19세기 후반이 되면서 거의 사라져 우산은 대부분 평범한 모습을 띠게 되었다. 제2차 세계대전 종전 무렵 우산은 거의 생산이 중단되었는데, 재개된 후로는 특별히 남성용과 여성용을 구별하지 않았다. 물론 제임스 스미스를 비롯한 여러 우산 제작자들이 제공하는 우산에서는 아직까지도 성별이 반영된 우산 디자인이 흔히 보인다.

우산이 제작되는 실태에서마저도 역사적으로 성별 분리 현상을 찾아볼 수 있다. 디킨스가 우산과 그 제작 과정에 관한 에세이를 썼을 당시 우산을 제작하는 작업은 고도로 전문화되고, 성별이 분리되어 있었다. 공장 제작이 보편화되기 전까지 우산 제작은 단계별로 이루어졌다. 가장 먼저 뼈대를 조립하고, 그다음에 천을 입힌 뒤, 마지막으로 손잡이와 꼭지를 부착했다. 각 과정은 저마다의 전문 기술을 지닌 사람들에 의해 각기 다른 곳에서 이루어졌다. 디킨스가 에세이 〈우산〉에서 말한 것처럼 뼈대 조립은 "런던에서 소수의 장인과 그가 부리는 조수들"에 의해 수행되었다. 천을 입히는 작업은 "자신들의 허름한 집에서 일하는 여성들과 소녀들"의 몫이었고 손잡이와 꼭지를 부착하는 일은 주로 공장에서 이루어졌다.

우산의 뼈대를 제작하는 사람들이 우산 한 개당 3파딩을 받는 동안 커버를 씌우는 일은 "노동의 질과 양에 따라" 4펜스를 받았다.[23] 뼈대 제작자보다는 분명 많은 액수였지만, 디킨스는 뼈대 제작 과정과는 달리 우산에 천을 씌우는 과정이나 이에 소요되는 시간에 관해서 구체적으로 기술하지 않았다. 수많은 부품을 꿰는 것이 프레임에 천을 바느질하는 것보다 더 인상적으로 보였거나,

---

23　오늘날 기준으로 0.46파운드(한화 약 730원—옮긴이)와 1.90파운드(한화 약 3020원—옮긴이)로 추정된다.

여성들과 소녀들이 일하는 "허름한 집"에 들어가게 해 달라고 요청할 수 없었기 때문일 것이다. 어떤 경우가 되었든 우산살의 크기에 맞게 단을 일일이 제작하고 특이한 구조에 맞춰 기름 입힌 천을 늘리는 데 들어가는 섬세한 바느질 작업(적당한 장력을 유지하는 가운데, 특히 양산의 경우에는 미적으로도 아름다운 결과물을 만들어 내야 하는)이, 장인과 그의 조수들이 수행한 작업만큼이나 많은 시간이 소요되는 성가신 일이라는 점만은 확실하다. 〈토머스 인스 앤드 코이〉의 타이피스트 오드리 데스(윌 셀프의 《우산》 등장인물)는 확실히 여성의 일에 환상이 없었던 것이 분명하다. 그녀는 자신의 일을 "저임금에 하찮으며 반복적"이라고 말한다.

5 | 손잡이 달린 모자

우산 사용을 둘러싼 엄격한 사회적 규범과 관습은 여러 문화에서 결국 쇠퇴하거나 완전히 자취를 감췄다. 존경이든 혐오든, 우산에 부여된 의미는 점차 약해졌고 제작 과정은 산업화되었다. 정도의 차이만 있을 뿐 모든 문화에서 우산을 받아들이게 되었으며, 보편화된 우산은 더욱 저렴해졌다. 그리하여 오늘날에는 푼돈으로도 가까운 편의점에서 누구나 쉽게 우산을 구입할 수 있다.

시간이 지나면서 우산 사용이 민주화된 것처럼 사람들의 사고방식도 점차 민주주의적으로 바뀌었다. 계몽주의의 도래와 함께 유럽인들의 자아 인식이 크게 바뀌면서 사람들은 신이나 왕이 제공하는 보호에 훨씬 덜 의지하게 되었다. 자신을 신이나 환경의 노리개로 여겨, 그들이 초래하는 변화나 혼란으로부터 보호와 안식처가 필요하다고 생각했던 서양인들의 사고방식과 논리가

옆쪽: 이동식 지붕. 태풍과 눈을 피할 수 있는 작은 공간이 묘사된 가쓰시카 호쿠사이(葛飾北斎, 1760–1849)의 〈눈 속 여행자〉.

개인 중심주의로 바뀌게 된 것이다. 우산을 손에 쥔 그 개인들이 바로 이번 장의 주제다.

이번 장에서는 우산을 하나의 경험으로 바라볼 것이다. 빗속에서 우산 아래 서 있는 것은 상당히 고독한 경험이다. 우산은 단순히 피신처나 그늘, 방패, 또는 성별이나 사회 경제적 신분을 드러내는 낡은 지표가 아니다. 우산은 우리가 자신 위에 쓰는 작은 지붕이다. 기원전 1000년 고대 중국 전설에 따르면, 루판이라는 숙련된 목수의 아내가 남편에게 양산을 펼쳐 보이며 이렇게 말한다. "당신은 능숙한 솜씨로 집을 짓지만 집은 그 자리에서 꼼짝 못 하잖아요. 반면에 내가 개인용으로 만드는 이 물건은 어디에라도 들고 다닐 수 있답니다."

우산의 보호 기능은 상징적일 뿐만 아니라 꽤 실용적이기도 하다. 이는 신성함이나 신분의 상징이라는, 앞서 살펴본 온갖 벽에도 불구하고 우산이 결국 보편적인 사물로 자리 잡을 수밖에 없던 주요한 이유이기도 하다. 이쯤 해서 로빈슨 크루소의 우산을 다시 살펴보자. 로버트 루이스 스티븐슨은 크루소의 우산이 "역경 속에서 자신을 표현하려는 고상한 정신"의 반영이라고 농담 삼아 말했지만, 다니엘 디포는 크루소의 목소리를 통해 그가 힘들여 우산을 만든 진짜 이유를 확실히 밝힌다.

크루소와 그의 우산 겸 차양.

그 뒤 나는 우산을 만드는 데 많은 시간과 수고를 들였다. 우산은 꼭 필요한 물건이라 반드시 하나 만들어야 했다. 나는 브라질에서 우산 만드는 것을 본 적이 있다. 항상 날씨가 더운 그곳에서 우산은 매우 유용한 물건이었다. 이곳은 적도와 가까워서 브라질보다 더우면 더웠지 덜하지 않다. 게다가 나는 밖에 자주 나가야 하기 때문에 햇볕뿐만 아니라 비 때문에라도 우산이 꼭 필요했다. 이 일에 많은 노력을 쏟았으며, 오랜 시간이 흘러서야 비로소 가지고 다닐 만한 우산 비슷한 것을 만들었다. 만드는 요령을 발견했구나 싶은 뒤에도 두세 개를 망치고 나서야 마음에 드는 우산 하나를 만들 수 있었다. 그

럭저럭 작동되는 우산을 만든 것이다. 가장 어려운 문제는 우산을 접는 일이었다. 우산을 접을 수 없다면 머리 위에 계속 펴고 다녀야 하는데, 그럴 수는 없었다. 결국 앞에서 말한 것처럼 이 난국을 해결해 주는 우산을 만들었는데, 털 있는 쪽을 바깥으로 해서 가죽도 덧씌워 차양(Penthouse)처럼 비도 막고 햇볕도 아주 효과적으로 차단했다. 그래서 가장 뜨거운 날에도 이전의 제일 시원했던 날보다 편안하게 걸어 다녔으며, 우산이 필요 없을 때는 접어서 팔 아래에 끼고 다녔다.

"펜트하우스Penthouse"라는 단어는 요즘에는 아파트 최상층의 주거 공간을 의미하지만, 예전에는 건물의 측면에 부착된 차양이나 캐노피 또는 경사진 지붕을 의미했다. 우산과 지붕 구조 간의 연결 고리를 이토록 명쾌하게 도출한 사례가 또 있을까 싶다.[24]

크루소는 "차양처럼 비도 막고 햇볕도 아주 효과적으로 차단"하기 위해 자신의 카누에 우산을 매달며 우산과 지붕을 직접적으로 비교하게 된다. 독자는 우산의 필요성을 의심할 필요가 없는데, 그가 우산을 "총 다음으로 꼭 필요한 물건"이라고 생각하기

---

24 구조에 관해 말하자면 산형과(또는 미나리과) 식물군은 독특한 화관을 지녔다. 산형화는 꽃자루가 우산살처럼 가운데 줄기에서 뻗어 나오는 꽃이다. '산형과(Umbelliferae)'라는 이름은 라틴어 움벨라(Umbella, 양산)에서 유래한 단어로 당근, 셀러리, 쿠민, 파슬리, 딜, 고수, 독미나리 등 우리에게 잘 알려진 식물을 지칭한다.

때문이다.

우산이 일종의 지붕이며 '방'은 사람이 거주하고 자신에게 맞게 사용할 수 있으며 어느 정도는 상태를 통제할 수 있는 지붕이 있는 공간이어야 한다는 점에 동의한다면, 우산 아래 생기는 공간을 일종의 이동식 방으로 볼 수 있을 것이다. 이 임시 거처에서 우리는 잠시나마 자기만의 방을 가질 수 있다. 나와 바깥세상 사이에 놓인 우산에 의해 바깥 상황으로부터 보호를 받는 방이다. 따라서 우산을 쓰는 단순한 행위를 통해 우리는 바깥에서 안으로 옮겨 갈 수 있는 것이다. 빗방울이 우산에 닿는 부드러운 톡톡 소리는 집의 지붕이나 창문에 닿던 빗소리를 떠올리게 한다. 비를 유난히 좋아하는 영화감독 우디 앨런은 자신이 왜 비를 좋아하는지에 대해 이렇게 설명한 적이 있다.

비가 오면 사람들은 집 안에 갇히게 된다. 그들은 피신처를 찾아 집 안으로 대피한다. 스스로를 보호하기 위해 집 밖에서 안으로 뛰어든다. 내부로, 내부로 향한다.

우산이 상기시키는 이 내부성은 우산을 방과 유사한 공간으로 이해하는 데 반드시 필요한 요소다. 우리는 그 안으로 들어가

Hemlock.
Conium maculatum.
UMBELLIFERÆ.

며 몇 가지 근본적인 방식으로 자신을 외부 세상과 의도적으로 차단한다.

방으로서의 우산은, 우산이 새면서 바깥에 머물러야 할 것들이 불청객처럼 안으로 들이닥치는 순간 더욱 명확해진다. 이 같은 상황은 그레이엄 그린Graham Greene의 소설 《사랑의 종말The End of the Affair》(1951)의 첫 페이지에 잘 드러나 있다. "1946년, 비 오는 어두운 밤" 모리스 벤드릭스는 술을 한잔하러 동네 술집에 가기로 한다.

> 작은 홀에는 낯선 이들의 모자와 코트가 가득했고, 나는 실수로 다른 사람의 우산을 들고 나와 버렸다. (……) 공원을 가로질러 곧장 걷기 시작하는 순간 나는 우산을 잘못 가져왔다는 사실을 깨달았다. 우산은 곳곳이 새기 시작했고, 재킷 깃 아래로 빗물이 흘러내렸다.

우산은 방이 그런 것처럼 우리가 다른 이들과의 교류를 피하기 위해 숨어들 수 있는 공간이기도 하다. 다른 사람의 새는 우산을 쓰고 공원을 건너던 벤드릭스는 자신 쪽으로 걸어오는 헨리 마일스를 발견한다. 벤드릭스는 한때 그의 아내와 열정적인 사랑

옆쪽: 독미나리.

에 빠진 적이 있다. 벤드릭스는 우산 아래 숨어 헨리를 지나칠 수 있는 방법을 생각한다.

나는 쉽게 그를 피할 수 있었다. 그에게는 우산이 없었고 (……) 비 때문에 시야가 가린 상태였다. (……) 곧장 지나갔더라면 그가 나를 보지 못했을 것이다. 도로에서 살짝 비켜나 걸어갔더라면 확실히 그럴 수 있을 터였다.

물론 벤드릭스는 그렇게 하지 않는다. 그렇게 했더라면 소설이 전혀 다른 방향으로 전개되거나 아예 전개조차 되지 않았을 것이다.

루시 허니처치는 《전망 좋은 방》에서 전혀 다른 이유로 이 같은 행동을 취한다. 이 부분은 이 책에서 가장 코믹한 장면 중 하나다. 이탈리아 여행을 다녀오고 나서 한참 뒤에 루시가 어머니와 자신의 약혼자와 함께 조용한 산책을 즐길 때, 벌거벗은 남자 세 명이 갑자기 그들 앞에 나타난다. 그중에는 한때 그녀와 연인 사이였던 조지도 있다.

조지는 소리를 꽥 지르고 돌아서더니 연못을 향해 냅다 달렸다. 머리에는 계속 비브 목사의 모자를 쓴 채였다.

"맙소사!" 허니처치 부인이 소리쳤다. "도대체 저 끔찍한 사람들은 누구지?"

(……) 루시는 양산으로 얼굴을 가렸다.

내가 본 작품 중 우산의 내면성이 가장 아름답게 그려진 사례는 스테판 퀄러의 〈사적인 하늘의 창시자〉일 것이다. 사양길인 일본의 우산 제작 산업을 소개하는 이 에세이에는 저렴한 합성 직물로 만든 서양 우산이 기름 입힌 대나무와 종이로 만드는 전통 우산을 몰아내다시피 하는 과정이 담겨 있다. 연로한 장인들을 방문해 전문적이고 정교한 작업 과정을 지켜본 퀄러는 집에 가져갈 우산을 하나 구매한다.

나는 새로 산 우산을 조심스럽게 펼쳤다. 끝까지 펼치자 기름과 대나무, 옻칠 냄새가 나를 감쌌다. 빗방울이 속삭이는 소리가 백배는 커진 것 같았다. 붉은빛이 내 손과 얼굴을 물들였다. 붉은 창이 달린 방 안에 있는 것만 같았다. 우산은 따뜻하고 다정했다. 우산을 만든 사람의 배려와 평온함이 고스란히 느껴지는 듯했다.

그는 이 우산을 들고 온갖 우산으로 가득한 도로로 걸어 나간다. 일본 전통 우산을 쓴 이는 아무도 없다. 편리성을 중시하는 사회에서 그의 모습은 단연 돋보일 수밖에 없어 주위의 이목을 끌고 만다. 안타깝게도 그는 결국 붉은 우산이 제공하는 보호막 아래로 물러난다.

잠시 후 나는 벌거벗은 채 노출된 것처럼 외로웠고 사람들의 곁눈질과 무언의 말들 앞에 무력해졌다. 사람들을 바라보는 대신 나는 내 위에 떠 있는 붉은 지붕을 바라보았다. 무수히 많은 가는 대나무 우산살이 지붕을 떠받치고 있었다. (……) 우산대에서 솟아난 우산살들은 (……) 우주의 무한한 점을 향해 뻗어 있었지만 별 모양 노란색 실이 이들을 하나로 묶어 주었다. 나는 안전하게 보호받고 있다는 느낌을 받았다. 내 손에 들린 우산은 나의 동료가 되었다. 우리는 둘 다 이방인이었다. 우산은 비를 막아 주었을 뿐만 아니라 나의 세상을 보호하고, 나의 공간을 규정했다. 우산은 나의 사적인 하늘이었다.

물론 우산은 불완전한 방이다. 캐노피가 얼마나 크며 비가 얼마나 오래 내리느냐에 따라, 우산 아래 있는 경험은 반은 안에 있

사적인 하늘/사적인 태양: 가을 오후 하늘 아래 나의 낡은 우산.

고 반은 밖에 있는 경험이 될 수 있다. 우산 아래에서 신체는 보호받는 부분과 보호받지 못하는 부분으로 나뉜다. 머리와 어깨가 안락하게 보호받는 것도 잠시, 곧 신발 안으로 천천히 빗물이 스며들고 발목 주위로 차가운 천이 들러붙기 시작한다. 한강의《채식주의자》(2007)에서는 한국의 비 오는 날, 이 같은 반대되는 상황이 가져오는 경험을 묘사한다.

그녀의 접힌 우산에서 물이 흘러내린다. 버스 바닥은 이미 젖어 검게 번들거린다. 우산으로 채 가리지 못한 비 때문에 그녀의 블라우스와 바지는 절반 가까이 젖었다.

그럼에도 불구하고 (비가 들이치는 곳과 그렇지 않은 곳 사이의 경계로만 인식되는) 이 보이지 않는 벽으로 인해 우산에는 "개인적인 공간"이라는 터지기 쉬운 비눗방울의 경계가 형성된다. 비 오는 날 사람들로 넘쳐나는 길을 살펴보라. 지나가는 사람에게 길을 터주기 위해 사람들은 우산을 기울이고 이리저리 옮기며 아래로 내리고 위로 들어 올린다. 또는 그러지 않을 수도 있는데, 밀란 쿤데라의 《참을 수 없는 존재의 가벼움》에 등장하는 장면이 바로 그러한 사례다. 우산들이 만나면서 프라하의 번잡하고 어지러운 길에서 여성들 간에 전투가 벌어진다.

우산끼리 서로 부딪혔다. 남자들은 예의 발랐고 테레자를 지날 때면 우산을 머리 위로 높이 치켜들어 그녀에게 길을 터주었다. 하지만 여성들은 그리 호락호락하지 않았다. 모두 정면을 응시한 채 다른 여자들이 자신의 열등함을 알고 옆으로 비켜서기를 기다렸다. (……)
[테레자는] 자신의 정중함이 보답받지 못한다는 것을 깨닫자 다른 여자들처럼 우산을 꽉 움켜쥔 채 다가오는 우산과 격렬

하게 부딪혔다. "미안합니다"라고 말하는 사람은 아무도 없었다. 대개 아무 말 없이 지나갔고 한두 사람은 "망할 년!"이나 "빌어먹을!"이라고 말하기도 했다. (……) 테레자는 소련이 침공하던 날 깃대 끝에 국기를 달고 돌아다니던 미니스커트 차림의 젊은 여자들을 떠올렸다. (……) 그녀는 탱크를 배경으로 그 젊은 여자들의 사진을 무수히 찍었다. 그때 그들을 얼마나 존경했던가! 그 여자들은 이제 심술 맞고 비열하게 그녀에게 돌진하고 있었다. 깃발 대신 우산을 든 채 (……) 그들은 외국 군대와 맞서 싸운 집요함으로 자신의 앞을 가로막는 우산에 맞서 싸울 준비가 되어 있었다.

성의 상징이라는 다소 의문의 여지가 있는 특징을 무시하면, 이 장면은 우산 아래 형성된 극도로 개인화된 공간을 극명하게 보여 주는 예라 할 수 있다. 테레자는 한때 도시 여성들의 협력 활동을 지지했는데, 당시에는 그들 모두가 비폭력 저항 운동으로 단결했기 때문이다. 하지만 의기투합해서 싸울 적이 사라지자 그들은 서로에게 저항하기 시작한다. 여성들 각자의 공간은 우산으로 규정되고, 모두 자신의 공간을 지키기로 작정한다. 우산 없이는 불가능한 방식으로.

우리가 경험하는 우산의 개별성은 우산 아래 있는 행동을 통해서만 드러나지는 않는다. 옷이나 신발, 액세서리처럼 우산은 개성을 표현하는 강력한 수단이 될 수 있다. 말하자면 손잡이가 달린 모자인 셈이다.[25] 〈제임스 스미스 앤드 선즈〉 같은 가게에서는 형태와 색상, 크기가 다양한 우산을 판매하며 심지어 B 씨가 《흰색 우산》에서 언급한 것처럼 맞춤 우산도 제작한다. 소설 속 등장인물이 굽은 손잡이나 빨간 모자와 동일시되는 것처럼 우산 역시 개인과의 강한 연결 고리로 사용될 수 있다. 존 보엔은 이를 "우산 양식umbrella style"이라고 부른다. 우산과 개인을 결부하는 이같은 행위는 우산을 휘두르는 방식을 통해 특정한 인물의 자아를 보여 준다. 이를 환유('미국 대통령' 대신 '백악관'을 쓰듯 어떤 낱말 대신 그것을 연상시키는 다른 낱말을 쓰는 비유—옮긴이)라 부르기도 하는데, 갬프 여사나 로빈슨 크루소, 네빌 체임벌린이 그런 경우다.

우산을 칭하는 대명사까지는 안 되더라도, 우산과 떼려야 뗄 수 없는 인물들은 많다. 메리 포핀스가 대표적인 예다. 한쪽 팔 아래 우산을 끼운 채 볼일을 보러 공원을 잰걸음으로 걸어가거나 (허리를 꼿꼿이 세우고 장화 신은 발을 바깥으로 가지런히 돌린 채) 벗

25 이 개념은 우산을 가리키는 일본어 문자 傘에 잘 담겨 있다. 줄리아 미치가 설명했듯 이는 '모자'를 뜻하는 글자와 '막대기'를 뜻하는 글자를 합친 것으로 '막대기 위에 달린 모자'를 의미한다.

나무 위를 날아가는 메리 포핀스에게 우산이 없는 모습은 상상하기 힘들다.

G. K. 체스터턴^{G. K. Chesterton}의 브라운 신부 역시 그러한 인물이다. 브라운 신부는 예리한 직관, (일을 하면서 쌓은) 범죄 행동에 관한 지식, 잘난 체하지 않는 태도를 이용해 도둑을 잡고 살인자를 훈계한다. 브라운 신부가 등장하는 첫 번째 이야기 〈푸른 십자가^{Blue Cross}〉에서 이 작은 신부는 다른 화자의 눈으로 독자에게 소개된다. 다른 화자의 평가는 전혀 우호적이지 않다. 브라운 신부는 "노퍽 만두처럼 둥글고 칙칙한 얼굴"에 "북해처럼 텅 빈 눈"을 지닌 "땅딸막한 가톨릭 신부"로, "백치처럼 단순한" "철부지"에 "누구라도 연민을 느낄 만한" 사람이다. 그는 "다 떨어진 커다란 우산"을 들고 다니는데 "우산은 계속해서 바닥에 떨어졌다". 그의 단순성이 범죄자를 속이기 위해 철저히 계획된 행동이라는 사실을 독자가 곧 깨닫게 되면서, 그가 사실은 비상한 머리의 소유자임이 밝혀진다. 이러한 가운데 브라운 신부를 대변하는 결정적인 소품으로 빠지지 않고 등장하는 다 떨어진 우산은, 우리가 있는지조차 모르거나 두 번 돌아보지 않을 조용하고 보잘것없는 사람이라는 신부의 존재감을 상징한다. 그리하여 노련한 범죄자조차 그를 잘못 판단하는 실수를 저지르고 만다.

해그리드의 우산은 브라운 신부나 메리 포핀스가 들고 다니는 우산만큼 그와 불가분의 관계는 아니지만 소설 초반부에서 그의 캐릭터를 확실히 잡는 데, 특히 인간 세상과의 관계를 정립하는 데 반드시 필요한 사물이다. 주름 장식이 달린 그의 분홍색 우산은 완벽하게 통제되는 더즐리 부부의 정상적인 세상을 훼방하는 해그리드의 모든 것(거구, 단정치 못한 거친 외모, 숨기지 못하는 마법, 해리 포터를 향한 우정)을 상징한다. 그가 우산을 휘두르는 방식뿐만 아니라 이 우산이 남성성에 관한 기존의 관념을 거스른다는 점에서도 그렇다.

월 셀프의 《우산》에 등장하는 인물들은 대부분 우산과 어느 정도 관련이 있는데, 그중에서도 가장 완벽하고 꾸준한 관계를 맺는 인물은 단연 오드리와 스탠리의 아버지인 새뮤얼 데스다.

이 같은 관계는 그가 어린 오드리를 데리고 런던 전역으로 긴 여정을 떠날 때 두드러진다. 이 여정은 포르노 제작자가 등장하는 장면에서 절정에 달하는데, (꼭지가 "자갈길의 이음새를 [더듬는]") 데스의 우산이 런던 윤곽을 따라 탁탁 소리를 내며 다소 은밀하면서도 규칙적으로 움직이는 모습이 이 장면을 절묘하게 암시한다. 앞서 언급한 것처럼 오드리가 그날 산책길의 끝에서 본 것을 생각할 때 아버지에 관한 독특한 기억을 떠올리게 한 것은 섹스가 아니라 창문을 통해 보이는, 홀본 지하철역에서 우산이 쏟아져 나오는 광경이었다.

귀스타브 플로베르Gustave Flaubert의 1856년 걸작 《마담 보바리 Madame Bovary》에 등장하는 이름뿐인 인물과 우산, 그리고 양산 간에는 미묘하지만 불가분한 관계가 존재한다. 이 책의 초반에 의사인 찰스 보바리는 한 농부의 다친 발을 고쳐 달라는 요청을 받는다. 농부의 집에 몇 번 전화를 걸고 나서 찰스는 자신이 농부의 딸 에마에게 관심을 가지고 있다는 사실을 서서히 깨닫는다. 물론 독자는 양산을 둘러싸고 연출되는 에로틱한 장면 덕분에 이 사실을 훨씬 빨리 알아챈다.

눈이 녹기 시작하는 어느 날이었다. 뜰에서는 나무껍질이 물 방울을 떨어뜨리고, 지붕의 눈이 줄줄 녹아내렸다. 에마는 문 턱에 서 있었다. 그녀는 양산을 들고 와 그것을 펼쳐 들었다. 비둘기색 비단 양산에 햇빛이 비쳐 그녀의 하얀 얼굴에 그림 자를 던졌다. 양산 밑에서 그녀는 미소 지었다. 나뭇결 무늬 양산에 물방울이 똑똑 떨어지는 소리가 들렸다.

에마와 찰스의 결혼 생활은 에마의 내면성이 밝혀지는 핵심

장치로 작용한다. 그들이 결혼하고 나서야 우리는 그녀의 성격과 꿈, 감정과 경험을 향한 아찔한 욕망을 알게 된다. 결혼 생활을 향한 불만족을 표현할 때 그녀 곁에 있는 것은 (찰스가 한때 그 아래 서 있던 에마를 흠모한) 양산이다. 사실 화자나 다른 인물의 목소리를 빌리지 않고 그녀가 직접 자신의 목소리를 들려주는 것은 이때가 처음이다.

그녀는 주저앉아 양산 끝으로 잔디를 콕콕 찍으며 중얼거렸다.
"아! 결혼 같은 건 도대체 왜 했을까?"

나중에 에마는 젊은 서기 레옹과 산책을 하는데, 서로를 향한 사랑이 처음으로 부드러운 꽃망울을 터뜨릴 때 이를 보호하는 것 역시 그녀의 양산이다.

젊은 여인과 그녀의 곁을 걷고 있는 사내의 귀에는 흙을 밟는 자신들의 발소리와 서로 주고받는 대화, 드레스 옷자락이 스치는 소리밖에 들리지 않았다. (……) 벽돌 사이로 새로 계란풀이 돋아나고 있었다. 보바리 부인이 지나가면서 펼친 양산 끝으로 건드리자 시든 꽃잎들이 노란 가루가 되어 흩어졌고, 인

동덩굴과 참으아리 가지가 양산 술에 걸려 비단 천을 긁었다.

훨씬 뒤에 등장하는 장면에서 두 연인은 다시 한 번 캐노피 아래, 이번에는 우산 아래 함께한다.

때마침 폭풍우가 불었고, 그들은 번갯불이 번쩍이는 동안 우산 아래 선 채 이야기를 나눴다.
헤어짐이 참을 수 없을 정도로 괴로웠다.

두 주인공의 삶에서 정말로 중요한 순간이다. "그때 그녀는 레옹에게 무슨 방법을 써서라도 최소한 일주일에 한 번은 자유롭게 만날 수 있는 기회를 가까운 시일 안에 마련해 보겠다고 약속"하기 때문이다.

귀스타브 플로베르는 우산을 사용하는 인물을 에마 한 명으로 국한시키지는 않는다. 책 전반에 걸쳐 그는 우산을 아무렇지 않게 슬쩍 끼워 넣는다. 하지만 우산과 떼려야 뗄 수 없는 인물은 에마뿐이다. 예배 장소나 시장, 가정에서 사용되는 다른 우산들은 잠시 언급되고 말 뿐이다. 신부가 두고 간 우산, 꽃 장수에게 그늘을 제공하는 커다란 우산, 하인의 어깨에 들린 우산 다발,

"커다란 양산이나 바구니를 든, 또는 아이들을 데리고 가는 부인네들과 자꾸 부딪치곤 하는" 혼잡한 목장에 등장하는 우산 중 에마의 것처럼 에로틱한 분위기를 담은 우산은 없다. 에마의 우산은 그녀의 개성을 강하게 드러내는 중요한 소품이다.

우산은 그것을 소지한 이의 현실성이나 천박함, 스타일을 반영하기도 하지만 개인의 내면을 드러내는 역할을 하기도 한다. 로버트 루이스 스티븐슨이 지적한 것처럼 대충 고른 우산은 그 사람을 속속들이 보여 주지 못한다("정말 좋아하는 대상만이 해당 인물의 본성을 충실히 보여 주기 때문이다"). 하지만 꼼꼼하게 고른 우산은 감춰 둔 자아의 일부를 무심코 보일 뿐만 아니라 다른 이들을 기만할 때에도 사용된다.

인류의 거짓과 어리석음으로 이 우아한 상징물은 부정의 상징으로 격하되었다. (……) [어떠한 경우에는] 신중한 동기에서 해당 인물의 특징에 반하는 우산이 선택되기도 한다. 거짓된 우산은 도덕적 타락의 징표다. 위선자는 실크 우산 아래 스스로를 보호하고, 젊은이는 품위 있는 체크무늬 면 우산을 들고 신앙심 깊은 친구를 방문한다. 이 부적절한 우산을 들고 있는 이는 "오른손에 거짓을 들고" 거리를 활보한다고 할 수 있지 않을까?

　찰스 디킨스는 이 부정을 우산을 들고 다니는 행위가 아니라 두고 오는 행위에서 찾는다. 〈우산은 두고 오세요〉에서 화자인 디킨스는 예술 작품을 보기 위해 햄튼코트 궁전을 방문하는데, 현관에 우산을 놓고 들어가라는 요청을 받는다. "우산이 젖었기 때문에" 이 요구를 흔쾌히 승낙한 그는 계단을 따라 위층 전시실로 올라간다. 미적으로 전혀 만족하지 못했음에도 그는 한동안 황홀경에 빠져 있는 것처럼 보인다.

　나는 나의 작은 이성을 가슴에 품은 채 이 지루한 방에서 나와 시끄럽고 번잡한 곳으로 가야 하는지 고민한다. 나의 작은 이성은 이 기이하고 우중충한 옷장 같은 방을, 층층이 쌓아 올린 이 작은 벽난로 작품을, 땅딸막하고 오래된 이 파란색 도자기를, 얇은 기둥이 달린 음울한 구식 침대를 이해할 것이다. (……) 미와 행복을 망라하는 우주 (……) 나와 나의 작은 이성은 (……) 만족하는 마음으로 평생 이곳에서 살 것이다. 우리가 이 세상을 떠나면 이 따분한 궁전은 우리 덕분에 최초로 행복한 영혼이 깃든 집이 되리라!

하지만 그는 "액자 안에 고여 있는 새까만 얼룩"에 비로소 정신을 차리고 자신이 우산뿐 아니라 판단력과 취향, 개성도 두고 왔음을 깨닫는다.

우산은 두고 오기 바란다. (……) 비교하는 능력, 경험, 개인적인 견해도 전부 두고 오기 바란다. 우산을 건네면서 받는 표와 함께 타인에 대해 내려지는 평가도 받아들이며 (……) 아무런 이의도 제기하지 않기 바란다. 우산과 함께 안목을 두고 오기 바란다. (……) 그러면 당신은 이 흉측한 도기가 아름답다고, 이 딱딱하고 상상력이 결여된 형태가 우아하다고, 이 조잡한 진흙 반죽이 걸작이라고 인정하게 될 것이다. (……) 우산을 두고 품위를 챙기기 바란다.

이 에세이에서 우산은 자아의 표현일 뿐 아니라, 화자가 자신만의 취향을 갖추고 독립적인 사고를 할 수 있는 완벽하고 다재다능한 인간임을 보여 주는 증거로 작용한다. 디킨스는 (다양한 임무 수행으로 발현되는) 자아의 온갖 측면이 그가 소지한 우산과 동일시될 수 있다고 말한다. 그는 교회를 비롯한 온갖 공공장소의 입구에서 판단력을 포기해야 했던 비슷한 경험을 언급한다. 그는 공판에 참석하러 중앙형사법원에 갔을 때 "너무 많은 것을 우산 안에 넣도록 요청받았고, 그 바람에 원래 말쑥했던 우산은 캠프 여사의 우산보다 더 불룩해졌다"고 말한다. 하원의사당을 방문했을 때는 더 최악의 상황이 발생한다. 그는 '백인과 흑인'을 구분하지 않도록 요청받는데, 그에게 이 요구는 우산을 분지를 수 있을 만큼 엄청난 것이었다. 결국 그는 이렇게 결론짓는다. "이제껏 살면서 경험한 바에 따르면, 우산은 두고 가야 하는 것이다. 아니면 건물 안으로 들어갈 수가 없다."

우산에 관한 이러한 정의와 개인과의 강한 연결성은 총체성과 통일성이라는 단어와 연결된, 보다 고대적이고 종교적인 이해를 불러일으킨다. 디킨스는 사회적 관습 때문에 총체성과 통일성을 한편에 제쳐 둬야 하는 상황에 처하는데, 우산을 두고 가는 행위는 건물 안에서만 행해지기에 디킨스는 모든 건물에 개별성과 판단력을 자제하도록 요구하는 특정한 사회규범이 존재한다고 말한다. 〈우산은 두고 오세요〉에서 화자는 문 밖을 나서고 나서야 자신의 의견과 취향, 경험을 반영한 우산을 들거나 그 아래에 들어가 비로소 온전한 자기 자신이 된다.

6 | 잊힌 사물과 끔찍한 윤리

비가 내리는 도시를 걷다 보면 어딘가에서 반드시 버려진 우산을 볼 수 있다. 버려진 우산은 반만 쓰레기통 안에 구겨 넣어진 채, 또는 수거를 기다리는 쓰레기 더미 한가운데에 처박힌 채 후미진 골목길에 숨어 있다. 비에 흠뻑 젖어 축 처진 이 애처로운 사물은 날개가 휘거나 부러진 상태로 우산살이 다 드러나 있으며, 캐노피가 떨어져 나가 퍼덕거린다. 마치 심하게 다친 바닷새가 도로에 널브러져 있는 듯하다.

찰리 코널리는 《태양을 다오》에서 한 장 전체를 우산에 할애해 "펼치는 순간 부드러운 꽃처럼 피어나는 모습, 손쉬운 작동 방식과 무수히 많은 부분 간의 조율, 우아한 돔" 등 우산의 "경이로운 위엄"을 서정적으로 찬미한다. 그는 우산을 "아름다운 기계"라고 부르며 "망가지고 부서지고 인정사정없이 쓰레기통에 내던져진 모습에" 개탄한다. 코널리는 저렴한 일회용 우산이든 기품

옆쪽: 이 우산은 폭발한 것일까? 런던, 채링크로스가.

귀 뒤에 꽂은 꽃. 리버풀.

있는 고급 우산이든, 망가진 우산을 아무렇게나 버리는 행위는
(거의 모든 산업의 승리인) 공학의 업적을 존중하지 않는 대표적인
행동이라고 말한다.

　망가진 우산을 보면 나는 언제나 코믹한 애수를 느낀다. 부서
진 우산은 어찌나 기구하고 무력한 사물인지. 망가지더라도 일부
를 살려 내거나 재료를 다시 사용할 수 있는 물건들이 있다. 옷은

잘라서 걸레로 쓸 수 있고, 음식물 쓰레기는 비료로 사용될 수 있으며, 가구는 목재와 철물로 분해해 다시 사용할 수 있다. 하지만 우산은 살아생전 유용하게 쓰였음에도 불구하고 사망 선고를 받는 순간 별 쓸모가 없어진다.[26] 전문가가 아닌 한 손쉽게 고칠 수 없으며, 고치는 수고를 들일 만한 가치도 없이 망가진 우산은 제자리를 벗어난 듯 어딘가 불편해 보인다.

잘못된 장소와 잘못된 시간은 우산성의 핵심적인 측면으로, 디킨스는 작품 속에서 이를 잘 활용해 희극적인 효과를 만들어낸다(갬프 여사의 우산이 대표적인 사례다). 존 보엔은 《디킨스의 우산》에서 《오래된 골동품 상점The Old Curiosity Shop》에 나오는 흥미로운 예시를 인용한다. 변호사 샘슨 브래스가 자신의 고객인 악랄한 퀼프를 추도하는 장면으로(모두 그가 죽었다고 생각하고 있으나 사실 그는 열쇠 구멍을 통해 그들의 대화를 엿듣고 있다) 그는 그 과정에서 퀼프의 "재치와 유머 감각, 연민을 자아내는 힘, 우산"을 인정한다. 하지만 우산이나 그것이 상징하는 바가 대체 왜 추도 연

---

26 글을 쓰면서 친구 레이철이 생각났다. 우리는 긴 여름 휴가 때 브리즈번의 웨스트엔드를 걷고 있었다. 아침이었지만 이미 아스팔트 도로에서 열기가 파리 떼처럼 솟아오르고 있었다. 비가 내리기를 갈망하던 우리는 불현듯 부러진 우산으로 치마를 만들어 보면 어떨까 생각했다. 우산 하나로 짧은 치마 한 개를 만들거나 여러 개를 연결해 긴 치마를 만드는 것이다. 그리하여 우리는 우산으로 치마를 만드는 프로젝트에 착수하기로 결정했다. 아이디어가 샘솟던 당시에 우리가 시작하기로 결심한 다른 프로젝트들처럼 그 생각은 현실화되지 못했다.

시궁창 괴물, 런던.

설에 등장한단 말인가? 보엔은 이렇게 말한다.

재치나 연민, 유머처럼 우리가 망자의 주요한 특징이나 공적
으로 기억하고 싶어 하는 특징에 갑자기 불확실하고, 간헐적
이며, 떼어 내거나 잃어버리기 쉬운 것들이 끼어든다. 우산은
(……) 잘못된 장소에 들어간 것처럼 보인다.

찢긴 꽃. 런던. 크리스마스 이브.

야간 수거를 기다리는 쓰레기봉투가 도로 한쪽에 가득 쌓여 있고 쓰레기 투기 금지법이 전무하다시피 한 런던에는 잘못된 장소로 들어가는 우산이 넘쳐난다. 나는 소설 속 우산을 연구하는 동안 최소 일주일에 한 번 꼴로 현실에서 그러한 우산을 발견했고, 이 우산들을 기록해야겠다고 생각했다.

새로운 단어를 배우면 그때부터 읽는 글에서 그 단어가 굉장

깡통 외계인. 런던.

히 많이 나오는 것처럼 보이듯, 우산 역시 내가 찾는 순간부터 갑
자기 눈에 많이 띄기 시작했다. 나는 야생동물을 추적하듯 그들
의 습관을 파악하기 시작했고, 인적이 드문 출입구나 특정한 골
목길을 유심히 지켜보게 되었다. 온갖 쓰레기 더미와 쓰레기통에
서 툭 튀어 나와 있는 이상한 물건들을 샅샅이 살피다 보니 나는
그들이 어떤 날씨를 가장 좋아하는지도 알게 되었다(버려진 우산

은 비가 거세게 몰아친 뒤 찾아오는 청명한 하늘을 가장 좋아한다. 해가 나면 굳이 망가진 우산을 들고 다닐 사람이 없기 때문일 것이다). 머지 않아 나는 일주일에 몇 개씩, 어떤 때는 5분 만에 버려진 우산 네 개를 발견했다. 내가 버려진 우산 사진을 찍어 올리자 친구들 역시 자신들이 마주친 야생 우산 사진을 나에게 보내 주었다. 우산이 다른 우산을 낳고, 그 우산이 또 다른 우산을 낳았다.

내가 발견한 우산은 대부분 사용이 불가능할 정도로 형태가 망가져 있었다. 하지만 어떤 우산은 어느 모로 보나 그저 주인이 잊어버리고 만 것 같았다. 잊힌 우산은 그 나름대로 연민을 자아낸다. 코널리의 말에 따르면 매년 8만 개가 넘는 우산이 런던의 대중교통에 남겨진다고 한다. 그는 "하루 동안 200개가 넘는 우산이 버려진 채 순환선을 따라 끊임없이 이동하거나, 새벽녘 조명등이 훤히 밝혀진 버스 터미널에 노숙자처럼 웅크리고 있다"고 침울하게 말한다.

하지만 주인이 잃어버렸거나 잊어버린 우산은 단순히 현시대의 비애에 그치지 않는다. 우산이 있는 한 우산을 잃어버린 사람을 비롯해 그들이 들어갈 수 있는 소우주가 존재하기 마련이다. 프리드리히 니체Friedrich Nietzsche만큼 이 사실을 잘 아는 이도 없을 것이다. 그는 미출간 원고에 끼워 넣은 단 한 문장으로 수세대에 걸쳐 학자들을 당황스럽게 한 바 있다.

"나는 우산을 잊어버렸다."

이 문장은 심오한 말을 엿들을 가능성이나 진술의 진실성을 의심하는 회의적인 시선을 반영하듯 큰따옴표로 처리되어 있다. 자크 데리다는 《에쁘롱: 니체의 문체들》에서 이 문장의 의미를 낱낱이 분석한다. 이 문장은 문학적으로 이런 뜻일 수 있다.

모두가 "나는 우산을 잊어버렸다"라는 문장의 뜻을 알고 있다. 나에게는 (……) 우산이 있다. 그것은 내 것이다. 하지만 잊어버렸다.

참조적으로는 이런 뜻일 수 있다.

거세 작업대에 놓여 있는 재봉틀처럼 원치 않는 사물의 경우에서는 이러한 일이 발생하지 않는다.

심리학적으로는 이런 뜻일 수 있다.

우리는 우산 자체뿐만 아니라 우산을 잊고 있었다는 사실 또한 떠올리게 된다.

우산의 가장 인상적인 재능을 인정하는 차원에서 이렇게 생각해 볼 수도 있다.

우산은 정말로 필요할 때 갖고 있거나 갖고 있지 않은 그런 종류의 사물이다. (……) 또는 더 이상 필요하지 않을 때 갖고 있기도 하다.

우산이 기이한 장소로 종종 흘러 들어가듯, 서양 철학의 대가 중 한 명으로 널리 추앙받는 이 남자의 글 역시 그러하다. 데리다는 이 문장의 의미를 추적하려는 학자들의 노력을 고소하다는 말투로 기술한다. 학자들은 이 문장이 "상당히 중요한 경구"라고 생각하며 "저자의 머릿속에 도달하기 위한 방법을 찾으려" 하지만 데리다는 이렇게 지적한다.

확실히 하려다 보니 우리는 문제가 되고 있는 것은 글, 남겨진 글, 잊힌 글이라는 사실을 분명 잊었을 것이다. 또는 더 이상 누구의 손에도 들려 있지 않은 우산 역시.

이 문장이 쓰인 맥락을 모르는 데다, 니체가 이 문장을 썼을 때 머릿속에 어떠한 생각이 오갔는지 알 수 없는 상태에서 우리는 그 의미를 추측할 수밖에 없다. 물론 우리는 이 문장이 "다소 말이 안 되기는 하지만" 말 그대로 니체가 우산을 잊어버렸다는 사실을 의미한다고 생각할 수도 있다. 하지만 아무것도 알 수 없는 상황을 고려할 때, 이 문장이나 우산이 의미하는 바는 도저히 이해할 수 없는 상태에 놓여 있다. "한때 열리거나 닫히고, 접히거나 펼쳐지던 (……) 지금은 사용할 수 없는 우산일 뿐이다."

사용할 수 없는 우산에 익숙한 대표적인 인물로는 카를 로스만이 있다. 프란츠 카프카Franz Kafka의 미완 소설 《아메리카Amerika》(카프카 사후 1927년 출간)에 등장하는 열여섯 살 독일인 카를 로스만은 영어도 모르고 수중에 돈도 얼마 없는 상태로 미국으로 향하는 배에 오른 뒤 선실에 우산을 두고 왔음을 깨닫는다.

항해 중에 알게 된 젊은 남자가 그를 지나치며 외쳤다. "아직 내릴 생각이 없는가 보죠?" "아니요, 준비 다 되었습니다." 웃으며 대답한 카를은 혈기 왕성하게 트렁크를 들어 어깨에 멨다. 하지만 지팡이를 가볍게 흔들며 이미 다른 사람들 속에 섞여 들어간 젊은 남자를 눈으로 좇는 순간, 우산을 선실에 두고 왔음을 깨달았다. 낭패였다.

그는 젊은 남자에게 잠시 트렁크를 맡아 달라고 부탁하고 선실로 향하지만 미궁과도 같은 복도에서 곧장 길을 잃고 만다(실로 카프카적이지 않은가). 그곳에서 한 기관원을 만나 친구가 되는데, 그는 상급자들과 마찰이 있던 터였다. 선장에게 불만을 표하자고 남자를 설득한 카를은 함께 선장을 찾아가고, 그곳에서 만날 수 있을 거라 기대하지 않았던 삼촌과 운 좋게 만나 호화로운 생활을 누리게 된다. 이 모든 것이 잃어버린 우산 덕분이다(결국 우산은 찾지 못한다).

존 보엔은 찰스 디킨스의 작품에서 우산을 잃어버리고 되찾는 비슷한 패턴이 발견된다고 주장한다. 그의 작품에서 우산은 "부재와 존재라는 작은 연극"을 펼친다. 디킨스는 처음부터 이 같은 장치를 활용했다. 디킨스의 초창기 단편 〈민스 씨와 그의 사촌Mr Minns and his Cousin〉(1833, 원제 〈포플러가에서의 만찬A Dinner at Poplar Walk〉)에는 정확히 이런 우산이 등장한다. 이야기 초반부에 등장했다가 중요한 순간 갑자기 사라지는 우산이다. 주인공은 까다로운 중년 남성으로 "질서를 지키고자 하는 의지가 삶을 향한 의지만큼 강한" 인물이다.

늘 과할 정도로 깔끔하고 정확하며 정돈되어 있는 그는 이 세상에서 가장 융통성 없고 내성적인 인물일 것이다. 그는 보통 주름 하나 없는 갈색 프록코트에 단정한 네커치프를 매고 흠집 하나 없는 부츠를 신는다. 거기에 상아 손잡이가 달린 갈색 실크 우산을 들고 다닌다.

민스 씨에게는 옥타비우스 버든이라는 사촌이 있다. 민스 씨는 사촌을 싫어하지만 버든의 아들에게는 "대부와 같은" 존재다. 버든은 아들이 그의 눈에 들어서 유언장에 언급이라도 될 수 있기를 바라며 민스 씨를 저녁 식사에 초대한다. 저녁 식사는 대참사에 가깝다. 민스 씨는 그를 초대한 집주인을 싫어하는 데다가 파티에 참석한 다른 사람들과의 시끌벅적한 대화도 못마땅하다. 게다가 식사가 끝나 갈 무렵 런던으로 향하는 마지막 마차를 타려고 서두르다가 우산을 잃어버리고 만다.

하지만 갈색 실크 우산은 아무리 찾아도 보이지 않았다. 마부는 기다릴 수 없었기에 민스 씨에게 "뛰어서" 자신을 따라잡으라는 말을 남기고 스완으로 돌아갔다. 하지만 민스 씨가 상아 손잡이가 달린 갈색 실크 우산을 다른 마차에 두고 왔다는 사실을 깨닫는 데에는 10분이 넘게 걸렸고, 뛰는 속도도 그다지 빠르지 않았다. 그가 "뛰어서" 마침내 스완에 도착했을 때 마지막 마차는 당연히 떠나 버리고 없었다.

민스 씨는 비 오는 밤에 우산도 없이 새벽 3시가 되어서야 "홀딱 젖어 축축하고 비참한 상태로" 코벤트 가든에 위치한 아파트로 걸어서 돌아온다. 우산을 잃어버리는 사건은 민스 씨에게 계속해서 불쾌한 밤을 선사하는 동시에 버든 가족으로 상징되는 질서와의 경계를 완벽하게 보여 준다. 그날 밤, 우산은 "스스로 잘못된 장소로 들어갔는데" 그건 민스 씨도 마찬가지였다.

우산은 조지 버나드 쇼George Bernard Shaw의 〈피그말리온Pygmalion〉(1913)에도 슬쩍 등장했다가 사라진다. 폭우 때문에 극장에 갇힌 프레디 힐은 우산을 펼치고 달려가다가 꽃 파는 소녀 일라이자 둘리틀과 부딪쳐 꽃바구니를 떨어뜨리게 만든다. 그녀의 외침에 헨리 히긴스가 관심을 보이고, 그 후 둘의 관계는 이 연극에서 발생하는 온갖 사건의 촉발제로 작용한다. 나중에 일라이자가 헨리

히긴스의 집에서 달아나고 그가 경찰서에 가서 그녀의 행방을 묻자, 헨리의 어머니는 잃어버린 우산의 객관성을 상기시키며 꾸짖는다.

피커링: 형사가 꽤나 까다로웠어요. 우리가 좋지 않은 목적으로 그러는 것 같다고 의심하는 듯해요.

히긴스 부인: 당연히 그랬겠지. 도대체 무슨 권리로 그 애가 도둑이나 잃어버린 우산 같은 물건이나 되는 것처럼 경찰서에 가서 그 애 이름을 함부로 알려 줬니? 참 나!

《하워즈 엔드》에도 비슷한 장면이 나온다. 레너드 바스트의 아내가 남편의 소재를 확인하기 위해 슐레겔 자매를 찾아간 뒤의 상황이다.

문이 활짝 열리더니 헬렌이 굉장히 흥분한 상태로 뛰어 들어왔다.

"맙소사, 무슨 일이 있었는지 알아? 상상도 못할걸. 그 여자가 자기 남편을 찾으러 온 거 있지." (……)

"재미있었나 보네." 티비가 말했다.

"그럼!" 헬렌이 소리쳤다. "진짜 재미있었지. 그 여자는 우산을 찾는 마냥 남편을 찾더라고. 토요일 오후부터 제자리에 두지 않았는데, 그러고 나서 한동안은 별로 불편하지 않았대. 하지만 밤이 지나고 오늘 오전도 다 지나가니까 불안해지기 시작했대. 아침 식사 때도 허전하고, 점심때는 더 걱정되어서 결국 분실물을 찾을 가능성이 가장 높을 것 같은 위컴 플레이스 2번지를 찾아온 거래."

잃어버린 우산은 존 풀^{John Poole}이 쓴 19세기 인기 연극 〈폴 프라이^{Paul Pry}〉에도 반복적으로 등장한다. 3막으로 이루어진 이 소극은 1825년 초연되었으며, 그 후로 거의 50년 동안 저 멀리 뉴욕과 시드니에서까지 무대에 오를 정도로 널리 상영되었다. 프라이는 "참견하기 좋아하는 게으른 작자로 남의 일에 계속해서 끼어들곤 한다". 폴 프라이의 대표적인 행동은 다른 사람의 집에 우산을 두고 오는 것으로, 그는 우산을 구실 삼아 그 집에 돌아가서는 들어서는 안 되는 대화를 엿듣곤 한다. 프라이가 우산 아래 또는 열쇠 구멍 앞에 웅크리고 있는 모습을 들키고 나면 보통 이러한 대화가 오간다.

프라이: 정말 죄송해요! 우산을 여기 두고 온 거 있죠.

하디: 우라질 놈과 우산 같으니.

이 연극은 G. H. 로드웰의 《우산 회고록》에도 등장한다. 스투터스 씨가 폴 프라이처럼 차려입은 채 가장무도회에 가기 위해 허버트 트레빌리안의 우산을 빌리는 장면이다. 당시(이 책은 1846년에 출간되었다) 프라이의 인기가 얼마나 높았는지는 스투터스 씨의 의상을 본 손님들의 즉각적인 반응에서 알 수 있다.

우리가 안으로 들어가자 그곳에 모인 사람들이 폴 프라이를 위한 무대를 마련해 둔 채 외쳤다. "끝내 주네요. 역시 우산을 잊지 않았군요, 하하하!"

스투터스 씨가 프라이를 너무 그럴듯하게 흉내 내는 바람에 그의 우산은 그가 실질적인 목적을 달성하기 위해 폴 프라이처럼 분장했다고 의심하기 시작한다.

스투터스 씨는 자신이 맡은 역을 단 한 순간도 잊지 않았다. 하지만 그가 진짜 폴 프라이처럼 천연덕스럽게 연기를 펼치

Mr. Liston as Paul Pry.

존 리스턴(John Liston)이 연기한 폴 프라이.

자, 나는 그가 단순히 즐기기 위해서라기보다는 프라이즘(폴 프라이처럼 주제넘게 캐묻기를 좋아하는 성향—옮긴이)을 실현하기 위해 이 캐릭터를 선택했다고 의심하기 시작했다.

물론 우연이든 고의든 두고 가는 것이 우산을 잃어버리는 유일한 방법은 아니다. 우리는 우산을 잊기도 하지만, 빌려주는 과정에서 잃어버리기도 한다(에밀리 디킨슨이 〈양산은 우산의 딸〉이라는 시에서 마지막으로 쏘아붙이는 말을 떠올려 보자. "이날까지 누군가에게 빌려지는 삶을 살지."). 19세기 영국 극작가 더글러스 제럴드 Douglas Jerrold는 이렇게 말했다.

이 세상에는 바보만이 빌려주거나 빌려준 적이 있는 세 가지 사물이 존재한다. 이 세 가지를 빌려주면서 훗날 돌려받을 생각을 한다면 정말 아둔한 사람임이 분명하다. 이 세 가지는…… 바로 책과 우산과 돈이다!

신사라면 마땅히 검은 '도시 우산'을 들고 다니며 공공장소 입구에 놓인 우산통에 물이 뚝뚝 떨어지는 우산을 두고 들어가는 시대에는 (모리스 벤드릭스가 실망스럽게도 비 오는 밤 알게 된 것처럼) 다른 사람의 우산을 들고 가기가 정말 쉽다. 실수로 남의 우산을 들고 갔는지, 일부러 남의 우산을 가져갔는지는 알 수 없다. 가져간 사람조차 모르는 경우도 있는 듯하다. A. G. 가드너^{A. G.} ^{Gardiner}(1865-1946)는 자신의 실크 우산이 우산통에서 "실수로" 사라지고 다 해진 "혐오스러운" 면 우산이 그 자리에 놓여 있는 것을 보고 난 뒤 이 주제에 관한 에세이를 썼다. 그는 이처럼 양심 없는 행동을 "우산 윤리"라 명하며, 이 문제를 겪고 있는 사람에 대해 이렇게 말했다.

> 그는 그럴 기회가 있다 하더라도 다른 사람의 주머니에는 손을 대지 않을 것이며, 수표를 위조하거나 상점을 털지도 않을 것이다. 하지만 그는 우산을 바꿔치기하고, 책 돌려주기를 잊으며, 철도 회사의 뒤통수를 칠 것이다. 사실 그는 자신의 정직성을 믿는 솔직한 사람이다.

가드너는 "흠잡을 데 없는 사람, 세상 사람들이 일반적으로 결백하다고 생각하는 사람"이 바로 이러한 작자들이라고 주장한다. "자신의 양심과 숨바꼭질하는" 이 같은 행위는 윌리엄 생스터 역시 언급한 바 있다. 그는 이 행위가 "우산과 빌리는 것과 관련된 끔찍한 윤리"라고 말한다.

이 같은 윤리 결여 문제를 해결하고자, 한때 남성 사교클럽 출입 시 손잡이를 분리할 수 있는 우산이 개발되기도 했다. 손잡이가 없는 우산은 아무도 가져가지 않을 것이기 때문이었다. 하지만 당시 평론가들의 말에 따르면 "다른 회원을 의심한다는 암시가 담긴 우산을 들고 클럽에 들어가는 행동은 비사교적인 행위로 느껴졌다". 결국 손잡이 없는 우산은 인기를 끌지 못했고, 우산 사용자들의 "끔찍한 윤리"는 규제되지 않은 채 남았다. G. H. 로드웰은 《우산 회고록》에서 우산 윤리에 대해 이렇게 말한다.

이삼일이 순식간에 지나갔고, 어느 날 아침 알프레드는 (……) 불쌍한 나를 내 집에 돌려주지 않았다는 사실을 떠올렸다. 그는 자신의 태만한 행동을 만회하려는 듯 나를 데려다주었고, 우산이라는 종자에 대한 사회의 일반적인 태도와는 달리 다른 사람들도 그렇게 하기를 바랐다.

헬렌 슐레겔이 레너드 바스트의 우산을 연주회장에서 집으로 가져간 것은 끔찍한 윤리 결여 때문이었을까, 아니면 그저 부주의한 행동이었을까? 동정적인 독자라면 지나칠 정도로 후자의 편을 들 것이다. 베토벤 5번 교향곡 연주에 대한 헬렌의 반응("음악은 그녀에게 지금까지 일어난 모든 일을 요약해 주었고, 앞으로 일어날 일도 일러 주었다. 그녀는 그것을 분명한 진술로 읽었으며, 그건 그 무엇으로도 대체될 수 없었다. [……] 인생 또한 다른 의미가 될 수 없었다.")을 보면 분명 그녀의 정신이 딴 데 팔려 있는 것을 알 수 있다. 동기가 어찌 되었든 다른 사람의 우산을 가져가는 이러한 행동은 소설 내용 중 촉매제로 작용한다.

물론 일부러 우산을 훔치는 사람도 있다. 조지 보로는 "강도는 우산을 들고 다니지 않는다"고 말한 적이 있지만 로알드 달은 그렇지 않다고 말할지 모르겠다. 〈우산 쓴 노인〉에 등장하는 노인은 겉모습과는 완전히 다른 인물이다. 그에게 1파운드 지폐를 주고 20파운드짜리 우산을 건네받은 뒤 엄마가 말한다. "정말 운 좋은 날이야. 실크 우산은 한 번도 써 본 적이 없어. 너무 비싸거든." 엄마는 노인을 칭찬하기까지 한다. "진짜 신사였어. 게다가 부자야. 가난뱅이가 실크 우산을 갖고 다닐 리 없거든. 어쩌면 귀족 집안인지도 몰라."

하지만 영리한 딸은 노인이 길을 건넌 뒤 택시를 잡지 않는 것을 본다. 그는 엄청 서두르며 걸어갔고, 모녀는 노인을 따라가기로 한다. 모녀는 노인이 술집으로 들어가 창문을 통해 1파운드를 내밀며 위스키를 주문하는 모습을 본다. 술집에서 나온 노인은 "도둑질을 한다고는 생각할 수 없을 만큼 태연하게 코트 걸이에 걸려 있는 젖은 우산 중 하나를 들고 밖으로 나왔다". 비 오는 도로로 다시 나온 그는 누가 자신을 지켜보고 있다는 사실을 모른 채 행인에게 그 우산을 건네고 또다시 1파운드를 받아서 또 다른 술집으로 향한다. "'하, 우리를 속였구나!' 엄마가 말했다. '대단하네요.' 내가 답했다."

우산 윤리 문제는 시에도 등장할 정도로 너무 공공연한 현상인데, 가장 유명한 사례가 로드 보엔^{Road Bowen}의 시라 하겠다.

> 매일 비가 내리네
> 정직한 이들과 정직하지 않은 이들 위로,
> 하지만 대부분은 정직한 이들 위로 내린다네,
> 부정직한 이들이 정직한 이의 우산을 훔치기 때문이지.

《우산 회고록》에는 디킨스의 소설에 나올 것만 같은 한 쌍의 기회주의자가 우산 도둑이 누릴 수 있는 혜택을 낱낱이 분석하는 장면이 나온다. 가장무도회에서 돌아오는 길에 실수로 우산이 마차에서 떨어지고 "어떠한 도움도 받을 수 없는 절망적인 상태

로 도로에 그대로 남겨진다". 이내 파긴(《올리버 트위스트》의 악인
―옮긴이)처럼 생긴 남자와 그의 젊은 "수습생"이 우산을 집어 드
는데, 노인은 연륜을 바탕으로 사물의 가치를 전문적으로 평가한
다. 노인의 말을 빌리자면 "험브렐라"와는 달리, 이 우산에는 팔
아도 돈이 될 만한 은 장식품이 없다. 하지만 소유자의 이름이 손
잡이에 새겨져 있는 것을 본 노인은 제자에게 우산을 돌려주자고
제안한다. 그렇게 할 경우 "우리는 (……) 그 대가로 우산을 팔아
서 얻는 돈의 두 배는 받을 수 있을 것이다"고 노인은 말한다.

　로버트 루이스 스티븐슨은 《우산의 철학》에서 우산 윤리 문
제나 우산 도난이 발생하는 이유는 애초에 우산을 잃어버리지 않
는 일이 불가능하기 때문이라고 말한다.

　선천적으로 우산에 익숙하지 않은 사람들은 인위적으로 그렇
　게 되려고 계속해서 노력했다. (……) 계속 우산을 구입함으로
　써 자산을 늘리려고 했으나 늘 잃어버렸고, 종국에는 회한에
　찬 마음과 홀쭉해진 주머니를 바라보며 헛된 노력을 포기하고
　남은 평생 우산을 훔치거나 빌리기로 했다.

　오늘날, 우산은 대부분 훔칠 가치조차 없으며 망가질 경우에

는 사탕 껍질마냥 아무렇게나 버려지곤 한다. 이 같은 시대에는 우산이 도난당하거나 우산을 둘러싼 "끔찍한 윤리"가 만연한 대신 모두가 우산에 무관심한 편이다. 우산은 펜이나 기타 픽, 식품 저장용 플라스틱 용기처럼 특정한 사람에게 소유되기보다는 계속해서 사용자를 옮겨 가는 개체처럼 보인다. 이용자의 다양한 정신 상태(또는 방심 상태)에 따라 취해지거나 버려지면서 한 사람에게서 다른 사람에게로 이동한다. 우산이 지하철 순환선을 따라 계속 이동한다고 생각해 보라. 어떤 우산은 분실물 센터 구석에 처박혀 있고, 또 어떤 우산은 주인이 없거나 주인에게 잊힌 채 직원 사무실에 놓여 있다. 오늘날 우산은 특정한 사물이 아닌 전체 카테고리로서 그 소유권이 존재하는 듯하다. 사람은 '자신의' 우산이 아니라 수많은 우산 중 '하나'를 소유할 뿐이다.

존재가 아닌 결여로 인간의 관심을 사는 우산의 유동적인 상태는 후기자본주의의 전형적인 징후처럼 보인다. 하지만 몇 세기 전 일본 에도시대로 돌아가 보면 버려지고 유기된 우산이 파괴적이고, 장난기 가득하며, 악의적이고, 심지어 다소 섬뜩한 형태로 자리 잡은 것을 알 수 있다.

일본어로 '요카이'라고 불리는 요괴는 괴물이 대부분 그러하듯 초자연적이고 악마 같은 존재다. 어둠을 마주한 인간의 두려움 속에서 탄생하는 이 요괴는 점차 낯설고 이질적인 존재가 된다. 유모토 코이치湯本豪一는 요괴 박물관에 전시된 그의 컬렉션 소개 글에서 이렇게 설명한다.

해가 지면 어둠이 우리를 감싼다. 우리가 일하고 놀던 들판과 낮에 아무 생각 없이 돌아다니던 길은 밤이 되면 인간의 통제를 거부하듯 칠흑 같은 어둠에 휩싸인다. 어둠 속에 무언가 도사리고 있다는 느낌을 지울 수 없다. 바깥만 그런 것은 아니다. 종이 등으로 어두운 불빛이 드리워진 낡은 집 안, 아무도 살지 않는 이곳은 어둠에 뒤덮여 있다. 그러한 곳에서 일본인들의 마음속에 인간의 이해력을 뛰어넘는 존재, 요괴라는 생명체가 존재한다는 믿음이 싹트기 시작했다.

요괴 개념에는 '쓰쿠모가미'라는 하위 그룹이 존재한다. 쓰쿠모가미는 오랫동안 사용되지 않은 채 방치되어 지각이 생긴, 유모토 코이치의 말을 빌리자면 "거만하고 위압적이며 거칠어진" 낡은 가정용품이다. 이처럼 제멋대로인 쓰쿠모가미 중에 우산이 있는 것은 놀랄 일도 아니다.

줄리아 미치의 말에 따르면 다 해진 우산은 일본 예술에서 보통 인생의 덧없음과 허무함을 상징한다. 하지만 쓰쿠모가미는 살아나는 능력 때문에 우리를 더 불안하게 만든다. 요사 부손^{与謝蕪村}(1716-1783)의 하이쿠에는 이 같은 사실이 잘 암시되어 있다.

오, 달빛 비치는 밤

겨울비여

오래된 우산의 그림자가 몸서리칠 때.

아라시 산고로^{嵐三五郎} 3세는 자신이 우산 요괴를 연기하는 그림에 다음 같은 시를 써 넣기도 했다.

나의 꽃 우산은

해지고 닳아

요괴인 척하는구나!

우산 요괴는 수세대에 걸쳐 지금까지도 일본의 여러 그림에 등장하는 주요 캐릭터 중 하나다. 에도시대(1603-1868)의 족자에 처음 등장했으며, 가장 유명한 작품은 〈백귀야행^{百鬼夜行}〉이다. 여기에 그려진 우산 요괴는 인간과 비슷한 형태로 팔다리가 각각

옆쪽: 우산 요괴를 연기하는 아라시 산고로 3세. 우타가와 도요쿠니(歌川豊国) 그림.

두 개지만 얼굴은 도깨비에 가깝다. 지팡이를 들고 다니는 이 요괴의 얼굴은 부분적으로 우산에 가려져 있다. 접은 우산은 손잡이가 앞쪽으로 향한 채 올린 머리처럼 뒤로 넘겨져 있고, 부서지고 성긴 우산살 몇 개가 중간 부분이 묶인 천 밖으로 삐죽이 나와 있다. 이 족자는 동화와 마찬가지로 널리 모방되고 언급되며 개작되었다. 그 과정에서 다양한 우산 요괴가 탄생했는데 우산을 머리 위로 모자처럼 쓰고 있는 요괴, 터번을 감듯 단단히 천을 감싸고 있는 요괴, 머리 전체가 우산이며 손잡이가 부리처럼 생긴 도깨비 새 요괴가 있다.

시간이 지나 인쇄 기술이 발전하고 목판 인쇄가 도입되면서 손으로 그린 값비싼 족자는 저렴한 인쇄물로 대체되었다. 요괴를 주제로 한 온갖 인쇄물에는 우산을 비롯한 대표적인 캐릭터들이 등장했고, 우산 요괴는 접힌 우산 아래로 다리 하나가 삐죽 나와 있는 꼿꼿한 우산 형태로 자리 잡았다. 게다를 신고 있는 이 요괴는 균형을 잡기 위해 팔을 양쪽으로 쭉 편 채 하나 또는 두 개의 눈으로 무표정하게 앞을 바라보며 커다란 입을 벌린 채 길고 붉은 혀를 익살맞게 축 늘어뜨리고 있다.

이처럼 장난기 많은 존재는 쌍륙(에도시대와 메이지시대에 유행한 주사위 게임), 아이들의 카드 게임, 가부키 연극, 쇼와시대의

야광 스티커와 데칼코마니를 비롯해 〈요괴대전쟁妖怪大戰爭〉, 〈도카이도 국도 유령 여행東海道お化け道中〉 같은 영화 포스터에 등장한다.[27] 메이지시대에는 고케시 인형이라 불리는 작은 기계식 상자 장난감이 고베에서 제작되었는데, 그중에는 우산 요괴가 포함된 것도 있었다. 레버를 돌리면 요괴가 상자에서 튀어나오고, 그 모습에 놀란 고케시 목각 인형의 입이 딱 벌어지는 장난감이다.

수세기가 지나고 요괴 이미지가 넘쳐나면서 우산 요괴 역시 점차 친근해지고, 심지어 귀여워지기까지 하는 다른 많은 요괴들의 전철을 밟게 된다. 충격적이고 사악한 모습은 완화되었고, 미치의 말을 빌리자면 오늘날 그 역할은 "만화책에 등장하는 귀신" 정도로 축소되었다. 하지만 이 요괴들은 후기자본주의자의 영혼이 출몰한 것처럼 보이기도 한다. 버려진 우산, 매트리스, 램프, 우산, 식기세척기, 옷장, 식기를 비롯해 수백만 개의 잡다한 물건이 되살아나 짓궂게 인간에게 해를 끼친다고 상상해 보라.

정령이 깃든 우산 요괴는 우산성의 또 다른 측면을 보여 주는 사물이 되기도 한다. 이는 이제부터 살펴볼 내용으로, 평상시의 쓰임새를 초월해 완전히 다른 용도로 사용되는 우산의 모습이다.

---

27 (다카하타 이사오가 연출한) 스튜디오 지브리의 〈폼포코 너구리 대작전(平成狸合戰ポン
ポコ)〉(1994)에서 도쿄 거리에 '백귀야행'이 대규모로 재연되는데, 여기에는 짓궂은 우산
요괴도 몇 마리 등장한다.

'반역' 우산 홍보 포스터(1922).

7 | 우산의 초월성

우산이 등장하는 디킨스의 작품에 반복적으로 나타나는 특징 중 하나는 우산이 다양한 용도로 쓰인다는 점이다. 앞서 살펴본 것처럼 그의 작품 속에 등장하는 우산은 단순한 우산이 아니라 유사점이나 비유, 문맥을 통해 다른 무언가를 상징하는 일종의 지표다. 존 보엔은 디킨스의 작품에 등장하는 우산이 다양한 성적 암시나 단서 외에도 "무기이자 방패 (⋯⋯) 새, 양배추, 잎"으로 위장하고 있다고 말한다. 옳은 장소에 있든 (퀼프 추도 연설에 등장하는 우산처럼) 잘못된 장소에 있든 우산성에는 눈에 보이지는 않지만 부인할 수 없는, 수세기 동안 인간의 상상력을 사로잡은 부분이 존재한다. 그건 아마 우산의 애매한 우아함일 것이다. 이 아름다운 사물은 거추장스러운 데다 기본 용도 외에는 별다른 쓰임이 없다. 또한 부러진 모습이 애처롭기 그지없을 뿐만 아니라 버려지든 펼쳐지든 접히든 사고에 취약하다. 우산의 매력은 시각적으로 우리를 사로잡는 잠재력에 있을 수도 있다. 우산에 사용되는 색상이 오늘날에 비해 적었던 1855년에조차도 윌리엄 생스터는 이렇게 말했다.

> 예스러운 독일 마을의 넓은 옥외 시장에 폭우가 쏟아지면 모든 장사꾼은 비를 피하기 위해 이동식 텐트를 친다. 황동 우산 꼭지와 온갖 색상의 캐노피가 펼쳐져 (……) 구경꾼의 시야를 물들인다.

미국 극작가 세라 룰Sarah Ruhl은 《시간이 없어서 못 쓴 에세이 100100 Essays I Don't Have Time to Write》(2014)에서 연극 무대에서 우산이 사용된 사례와 이 우산이 관객에게 선사한 시각적 만족감에 대해 말한다. 그녀는 우산이 지닌 비유적인 힘(푸가 벌에게 사용한 힘)이야말로 가공의 무대에 신빙성을 제공하는 유일무이한 능력이라고 말한다.

> 바깥의 무한한 하늘 아래 있다는 환상이 실제 사물에 의해 형성된다. 실내에 놓인 진짜 우산이 지닌 한계에 의해 무한함이라는 비유가 탄생한다. (……) 우산은 무대 위에 놓인 진짜 사물이며 비는 허구다. (……) 진짜 사물이 (……) 환영으로 이루

어진 세상을 창조한다.

영화 역시 마찬가지다. 영화에는 우산이 등장하는 장면이 무수히 많다. 〈쉘부르의 우산The Umbrellas of Cherbourg〉(1964)은 비가 도로에 후두두 떨어지며 우산이 오가는 모습을 위에서 내려다보는 장면으로 시작한다. 〈사랑은 비를 타고Singin' in the Rain〉(1952)에서는 진 켈리Gene Kelly가 손에 든 우산은 아랑곳하지 않은 채 가로등 기둥에 매달려 몸을 흔들고, 〈마이 페어 레이디My Fair Lady〉(1964)에서 경마장에 간 오드리 헵번은 아름다운 양산을 높이 들어 올린다. 그 밖에도 영화에 우산이 등장하는 장면은 넘쳐난다. 내가 이번 장을 집필하는 주에 본 영화에만도 두 개의 우산이 등장했다. 기타노 다케시北野武의 영화 〈자토이치座頭市〉(2003)에서는 지붕 가장자리에 빗물이 튀는 장면이 담긴 오버헤드숏이 사라지면서 화면 아래부터 너덜너덜한 붉은 화선지 우산이 피어난다. 알폰소 쿠아론Alfonso Cuarón 감독의 〈해리 포터와 아즈카반의 죄수Harry Potter and the Prisoner of Azkaban〉(2004)에서는 격렬한 퀴디치 게임이 시작되기 전에 투박한 잎처럼 우산이 저 높은 곳에서부터 떨어진다.

우산이 매력적인 이유는 대체 불가능성 때문일지도 모른다. 지난 수십 년 동안 기술 발전이 비약적으로 이루어지면서 스마트

냉장고와 무인 자동차, 세제가 바닥나기 전에 알아서 온라인으로 주문하는 세탁기가 등장했지만 여전히 우산을 대체할 만한 물건은 없다. 찰리 코널리가 말했듯 "우리는 우산을 대체할 앱을 다운받을 수 없다". 산업화 시대의 최신식 우산이 생스터의 "예스러운 독일 마을"에서 시대착오적이었듯, 오늘날의 우산은 정반대의 이유로 시대착오적이다. 온갖 소재와 기술을 사용할 수 있음에도 불구하고 우산의 기본적인 모습과 기능, 디자인은 지난 150년 동안 거의 변하지 않았다. 그리고 이 디자인이 크게 바뀌지 않는한, 또는 이동식 지붕 없이 비로부터 우리를 보호하는 수단이 개발되어 대량 생산되지 않는 한 이 같은 상황이 조만간 바뀔 것 같지는 않다.

우산의 지속적인 매력이 무엇이든 우산의 가능성은 예술이나 연극, 영화에 국한되지 않는다. 이번 장은 우산의 일상적인 형태와 기능을 초월하는 이 같은 우산성의 사례를 알아볼 것이다. 보트에서 비행 장치까지, 골프채에서 칼까지, (거의) 인간이 된 우산에서 (거의) 우산이 된 인간까지 두루 살펴보고자 한다.

디킨스는 에세이 〈우산〉에서 이렇게 묻는다.

2005년, 슬로베니아 예술가 마테즈 안드라즈 보그린시크(Matej Andraž Vogrinčič)는 멜버른의 전 중앙우체국 건물 아트리움에 우산 천 개를 매달았다. 이 우산들은 아래에서 올려다보면 반구형의 유동적인 천장처럼 보이고, 위에서 내려다보면 끝이 뾰족한 검은 언덕들로 이루어진 풍경처럼 보인다. 이따금 안개구름이 설치물 사이를 떠다닐 때면 아주 잠깐 동안 보슬비가 내리는 바쁜 날 밖에 있는 듯한 환상에 사로잡힌다.

반세기 전 낙하산을 타고 세인트판크라스에 내려앉은 M. 가너린(M. Garnerin)은 그곳 주민들을 놀라게 했을까? 성공했든 실패했든 그를 따라 온갖 극장과 공연장, 경기장에 수많은 모방자가 등장하지 않았을까? 마지막으로 현시대의 유일한 유로파(제우스의 사랑을 받은 페니키아의 왕녀─옮긴이)인 마담 푸아트뱅(Madame Poitevin)은 클래펌 커먼을 방문하기 위해 밤중에 하늘에서 떨어졌을까? 우산이 발명되지 않았더라면 이 온갖 사건이 발생하기나 했을까?

이에 대한 답은 '아니요'일 것이다. 오늘날의 낙하산은 우산의 자식으로 보기에는 모양이 많이 다르지만, 18세기 후반 열기구 조종사는 바람 부는 날 우산을 다루기 힘들다는 사실에 착안해 낙하산을 개발했다. 윌리엄 생스터가 《우산과 그들의 역사Umbrella and Their History》를 썼을 당시, 낙하산의 디자인은 "거대한 우산에 가까웠다".

그렇다고 해서 유럽의 우산광들이 낙하산을 최초 개발한 것은 아니다. 유럽은 우산 사용에서 다른 대륙보다 뒤처졌듯 낙하산 개발에서도 그러했다. 기원전 90년에 완성된 중국의 《사기史記》에는 자신의 아들 순제를 죽이려고 한 고수 이야기가 나온다. 고수는 아들을 탑으로 유인한 뒤 탑에 불을 지르는데, 순제는 원뿔 모양 우산 모자를 몇 개 모아 손에 들고 탑에서 뛰어내려 무사히 탈출한다. 1세기 말 태국의 한 승려는 허리춤에 우산 두 개를 고정시킨 뒤 높은 곳에서 뛰어내려 궁중을 놀라게 했다고도 한다. 이 같은 소문을 접한 조제프 미셸 몽골피에Joseph-Michel Montgolfier는 1779년 바구니에 양을 담아 높은 탑에서 떨어뜨렸는

A VIEW OF MONS.^R GARNERIN'S BALLOON AND PARACHUTE.

1	The Balloon.
2	The Pilot Balloon.
3	The Parachute.
4	The Basket with MR Garnerin's
5	The letters fixed to the Balloon .

By which he ascended from the Volunteers Ground, North Audley Street, Grosvenor Square Sepr 21. 1802. to the height of 8000 Feet.
And the Parachute he descended by in a Field near St Pancras Church, quite safe.

Published Octr 20. 1802. by G. Thompson. N.º 43 Long Lane West Smithfield London.

가너린의 열기구와 낙하산.

데, 양은 몽골피에가 바구니에 고정시킨 2미터 크기 우산의 도움을 받아 무사히 땅에 도착했다. 1838년, 존 햄튼[John Hampton]은 한발 더 나아가 지름이 4.5미터에 달하는 우산 모양 낙하산을 만들었다. 그는 이 낙하산을 2.7킬로미터 상공으로 가져간 뒤 밧줄을 잘랐는데, 그를 태운 낙하산은 15분 동안 낙하한 뒤 무사히 땅에 착륙했다고 한다.

1855년까지 낙하산이 어떻게 발전을 거듭하게 되었는지에 대한 (보다 완벽하며 이따금 처참한) 기록은 윌리엄 생스터의 책에서 찾아볼 수 있다. 그는 우산에서 영감을 받은 낙하산이 어떻게 발전해 갔는지 한 장 전체를 할애해 설명한다. 하지만 이 부분은 굳이 언급하지 않으려 한다. 다만 우산과 낙하산이 지닌 달콤한 우연성만 간단히 이야기하고 넘어가겠다. 신시아 바넷 역시 설명하고 있듯, 우산이 막아 주는 물방울과 낙하산은 우연하게도 같은 형태를 취한다.

우리는 빗방울이 수도꼭지에 매달려 있는 물방울과 같은 모양으로 떨어진다고 생각한다. 위가 뾰족하고 아래가 둥글고 통통한 모양으로. 사실은 반대다. 물방울은 작은 낙하산 모양으로 떨어진다. 아래에서 형성되는 기압 때문에 위가 둥근 형태

옆쪽: 체코 아이들에게 우산을 낙하산으로 사용하는 것의 위험성에 대해 가르치는 그림. 《라 트리뷰나 일러스트라타(La Tribuna Illustrata)》(1936) 수록.

가 되는 것이다.

P. L. 트래버스^{P. L. Travers}의 《메리 포핀스^{Mary Poppins}》는 낙하산으로서의 우산에서 비행 도구로서의 우산으로 넘어가는 것이 상상력의 합리적인 수순임을 보여 주는 대표적인 사례다. 1964년에 개봉된 영화에는 줄리 앤드루스가 우산을 타고 벚나무가에 내려오는 모습이 첫 장면으로 등장하지만, 뱅크가 아이들은 이 책의 마지막 부분이 되어서야 앵무새 머리가 새겨진 우산의 숨겨진 능력을 직접 보게 된다. 슬픈 마지막 장면은 다음과 같다.

저 아래, 현관문 바로 바깥에 메리 포핀스가 서 있었다. 외투와 모자를 걸친 채 한 손에는 카펫으로 만든 가방을, 다른 손에는 우산을 들고 있었다. (……) 계단 위에서 잠시 멈춘 그녀는 현관문 쪽을 돌아보았다. 그리고 비가 오지도 않는데도 빠른 동작으로 우산을 펼치더니 머리 위로 들어 올렸다.
바람이 사납게 울부짖으며 우산 아래로 미끄러져 들어오더니, 메리 포핀스의 손에서 우산을 빼앗아 가려는 듯 위로 훌쩍 들어 올렸다. 하지만 그녀는 우산을 꽉 붙잡았다. 그것이야말로 바람이 원하는 일임이 분명했다. 바람은 우산을 하늘 높이 들

《메리 포핀스》의 마지막 장면.

어 올려 메리 포핀스를 땅에서 떼어 놓았다. 바람에 두둥실 떠오른 메리 포핀스의 두 발이 정원에 난 오솔길을 긁고 지나갔다. 바람은 메리 포핀스를 대문 위까지 들어 올리더니 길에 서 있는 벚나무 가지 쪽으로 계속 밀고 올라갔다.

"누나! 아줌마가 가고 있어, 떠나고 있다고!" 마이클이 울며 소리쳤다. (……)

메리 포핀스는 이제 더 높은 허공에 떠 있었다. 벚나무들을 지나, 지붕들을 지나, 한 손에는 우산을 꼭 붙들고 다른 손에는 카펫 가방을 든 채로 저 멀리 날아가고 있었다. (……)

제인과 마이클은 동생들을 안고 있지 않은 손으로 창문을 열고 마지막으로 메리 포핀스를 붙잡아 보려고 애썼다.

"메리 아줌마! 메리 아줌마, 돌아와요!"

두 아이가 소리쳤으나 메리 포핀스는 그 소리를 듣지 못했거나, 일부러 못 들은 척하는 듯했다. 그녀는 휘파람 소리를 내는 구름 낀 하늘 위로 계속해서 날아갔다. 그러더니 마침내 언덕 너머로 사라졌고, 아이들의 눈에는 세찬 서풍 아래 이리저리 흔들리며 신음하는 나무들 외에는 아무것도 보이지 않았다.

우산이 열기구 조종사에게 낙하산을 상기시켰다면, 뱃사람에게는 돛을 떠올리게 했다. 1844년, 우산은 팽창식 고무 구명보트 시제품에서 노와 더불어 추진과 조종에 쓰였다. 한편 1896년에는 범선용 "엄브렐러 리그"가 개발되었는데 이 리그는

돛을 펼치면 커다란 우산과 모습이 똑같았고, 돛대는 우산대 같았다. 다른 리그들보다 두 배나 큰 캔버스를 들어 올릴 수 있고, 돛은 보트를 한쪽으로 기우뚱하게 만들지도 않는다.

결국 돛 제작 기술이 우산이라는 형태를 뛰어넘었을 것이다. 엄브렐러 리그는 항해 역사에서 빠르게 사라졌다.[28] 물론 이것이 오늘날 스피나커(경주용 요트에 추가로 다는 삼각형 대형 돛—옮긴

28 하지만 카약의 역사를 기록한 내용에 따르면 우산은 긴 노의 보조 장치로서나 낚시할 때 계속 사용되었음을 알 수 있다. 낚시꾼은 여전히 '엄브렐러 리그'를 사용하는데, 이는 작은 물고기 떼처럼 보이도록 디자인한 미끼를 끝에 매단 우산처럼 생긴 구조물이다.

이)의 선조가 아니었을까 하는 궁금증은 남아 있다.

뱃사람이라면 위가 아니라 아래의 물을 막기 위해 우산을 뒤집어 사용하는 일에 그다지 큰 상상력을 필요로 하지 않을 것이다. 하지만 머리라고는 거의 없는 곰의 입장에서 이 같은 발상은 가히 큰 발전이라 할 수 있겠다. 〈홍수가 나서 피글렛이 물에 완전히 둘러싸여 버리는 이야기〉에서, 푸와 크리스토퍼 로빈은 홍수가 나서 집 안에 갇혀 버린 피글렛이 보내온 병 속에 담긴 메시지를 받는다. 피글렛을 구하려면 보트가 필요하지만 크리스토퍼 로빈에게는 보트가 없다.

그러자 이 곰, 푸 베어이자 위니 더 푸이며 피 - 친(피글렛의 친구)이자 래 - 동(래빗의 동료)이며 북 - 발(북극의 발견자)이자 이 - 위이며 꼬-찾(이요르에게 위안을 주는 친구이며 꼬리를 찾아준 친구), 그러니까 푸가 너무나 영리한 말을 해서 크리스토퍼 로빈은 정말로 자기가 오랫동안 알고 사랑해 온, 그 머리라고는 거의 없는 곰이 맞나 궁금해하며 입을 헤벌리고 눈을 동그랗게 뜬 채로 푸를 멍하게 바라보기만 했지.

푸가 이렇게 말했어. "네 우산을 타고 가면 되겠다."

"?"

푸가 말했어. "네 우산을 타고 가면 된다고."

"??"

푸가 말했지. "네 우산을 타고 가면 돼."

"!!!!!!"

그제서야 크리스토퍼 로빈은 그러면 되겠다는 걸 깨달았단다. 크리스토퍼 로빈은 우산을 펴서 물 위에 거꾸로 놓았지. 우산은 떠 있었지만 기우뚱기우뚱했어. 푸가 그 안에 올라탔단다. (……) "이 보트를 '푸의 머리호'라고 부르겠어." 푸의 머리호는 우아하게 돌면서 남서쪽으로 흘러가기 시작했지.

이 흥미로운 도구는 아이들의 동화책에만 등장하지는 않는다.《차양, 장갑, 토시》에서 옥타브 위잔은 일본 예술 작품에서 발견했음 직한 그림에 대해 이렇게 묘사한다.

어떤 사람들은 퀭한 눈에 머리카락이 바람에 젖혀진 상태였다. 그들은 위아래가 뒤집힌 우산 위에 올라탄 채 혼신의 힘을 다해 손잡이를 붙들고 요란한 파도의 흐름에 따라 떠다니고 있었다.

우산은 오랫동안 무기로 사용된 사물이기도 하다. 초창기에는 우산대 속에 날렵한 칼이 들어 있는 우산이 사용되었다. 오늘날에는 불법이지만 한때 〈제임스 스미스 앤드 선즈〉의 스테인리스 유리창에 전시될 정도로 수요가 높았으며, 변함없이 그 자리를 지키고 있다.

우산과 관련된 가장 유명한 살인 사건은 너무 당연하게도 런던에서 일어났다. 1978년, 불가리아의 반체제 작가 게오르기 마르코프Georgi Markov는 워털루 다리에서 버스를 기다리던 도중 다리에 날카로운 통증을 느꼈다. 뒤를 돌아보니 우산을 든 남자가 차를 타고 멀어져 가는 모습이 보였다. 며칠 후 마르코프는 사망하고 말았는데, 경찰들은 변형된 우산 끝에서 소량의 리신이 그의 다리로 투입되어 그를 죽였다고 추정했다. 결국 범인을 잡지는 못했지만, 모두가 그의 사망에 불가리아 비밀경찰이 연루되어 있다고 짐작했다. 찰리 코널리의 말에 따르면 불가리아 정부가 1989년 무너졌을 때 "작은 화살과 총알을 발사할 수 있도록 변형된 우산대가 내무부 건물에서 발견되었다"고 한다.

DC코믹스의 배트맨을 본 적이 있는 사람이라면 펭귄 또는 오스왈드 체스터필드 코블팟을 알 것이다. 오랫동안 배트맨과 싸워 온 빌런이자 다양한 무기가 장착된 우산을 휘두르는 악당으로, 그가 휘두르는 우산 중에는 마르코프를 살해하는 데 사용된 불가리아 우산도 있다. 그의 우산은 작가의 상상력에 따라 광범위한 형태를 띠는데 칼이나 창, 총, 독가스를 숨겨 두지만 겉보기에는 평범해 보이도록 만든 것들이다.

무기로서의 우산이 아주 독창적으로 사용된 사례는 루비우스 해그리드의 우산에서 찾아볼 수 있다. 그의 우산은 겉보기와는 전혀 다른 기능을 갖고 있다. 해리 포터의 열한 번째 생일날, 해그리드가 해리에게 그가 마법사이며 호그와트 마법학교에 입학하게 되었다고 말하는 장면으로 돌아가 보자. 버넌 이모부가 해리와 그의 부모뿐만 아니라 호그와트의 교장까지 싸잡아서 욕하자 해그리드가 분노한다.

해그리드가 공중에 들어 올렸던 우산을 휙 내려 더들리를 겨눴다. 보라색 섬광이 번뜩이더니 폭죽 터지는 듯한 소리와 함께 날카롭게 꿱 하는 비명 소리가 났고, 다음 순간 더들리는 살찐 엉덩이를 두 손으로 감싸고 고통스럽게 울부짖으며 그 자리에서 폴짝폴짝 뛰었다. 더들리가 등을 돌리자, 바지에 난 구멍으로 꼬불꼬불한 돼지 꼬리가 삐죽 튀어나와 있는 것이 보였다.

다음 날 해그리드가 해리를 데리고 올리밴더 씨의 가게에 지팡이를 사러 가면서 그가 들고 다니는 우산의 정체가 드러난다.

"하지만 자네가 퇴학당할 때 학교에서 그 지팡이를 두 동강 냈겠지?" 올리밴더 씨가 갑자기 엄격한 말투로 말했다.

"어…… 네, 그랬습니다. 네." 해그리드가 당황해서 발을 바닥에 대고 이리저리 움직이며 말했다. "그래도 조각은 아직 가지고 있어요." 해그리드가 밝은 목소리로 덧붙였다.

"그런데 그걸 사용하는 건 아니겠지?" 올리밴더 씨가 날카롭게 물었다.

"아이고, 그럼요, 선생님." 해그리드가 재빨리 말했다. 해리는 그가 그렇게 말하면서 분홍색 우산을 꼭 쥐는 것을 보았다.

사실 우산은 숨겨진 칼이나 독을 쏘는 총, 또는 마술 지팡이의 도움 없이도 꽤 큰 피해를 입힐 수 있다. 1814년 덜 악명 높은 우산 살인 사건이 밀라노에서 발생했다. 훗날 "우산 전투"라고 불리게 된 사건이다. 나이절 로저스^{Nigel Rogers}가 《펼쳐진 우산^{Umbrella Unfurled}》(2013)에서 말한 바에 따르면, 황제의 요구에 부응하기 위해 대중에게 가혹한 세금을 부과했던 주세페 프리나^{Giuseppe Prina}

재무부 장관은 나폴레옹 제국이 무너진 뒤 성난 군중에 의해 의회에서 끌려 나와 우산으로 맞아 죽었다고 한다.

안타깝게도 이는 목숨이 끊기기까지 적지 않은 시간이 걸렸을, 가장 고통스러운 죽음이었을 것이다. 하지만 그 죽음조차 출처가 불확실한 이 이디시 악담만큼 기괴하지는 않다. 이 욕에는 우산에 내재된 가장 본능적인 폭력성이 담겨 있다. "기이한 죽음이 그를 삼키기를! 그가 삼킨 우산이 배 속에서 펼쳐지기를!"

19세기 말에 출간된 《긴 칼과 하나의 막대기Broad-Sword and Single-Stick》라는 자기방어적인 안내서에는 우산에 관한 모든 것이 담겨 있다. 우산을 좋아하는 사람들, 이 사회에서 우산의 낮은 입지에 분노하는 이들의 감정을 반영하듯 작가는 이렇게 말한다.

현대의 전투 무기로서 이 장비는 공정한 대우를 받지 못하고 있다. 우산은 너무 자주 무시받고 멸시당한다. 하지만 화난 노파의 손에 들린 크고 볼품없는 우산일지라도 적에게 충분한 피해를 줄 수 있다.

저자는 우산을 두 가지 방식으로 사용하라고 조언한다. 한 손으로 가볍게 찌르는 펜싱 검 방식, 또는 양손으로 단단히 움켜쥐고 찌르는 총검 방식이다.

《엘리자베스가 사라졌다》속 미친 여자는 어린 모드를 길거리에서 쫓아가는 이 장면에서 '때리는' 방법을 선택한 듯하다.

> (……) 봉투를 가슴팍에 안고 전차가 지나가기를 기다렸다. 그런데 갑자기 뭔가가 내 어깨를 쾅 내리쳤다. 가슴이 쿵 내려앉으며 숨이 턱 막혔다. (……) 마침내 전차 꼬리마저 터덜터덜 지나가자 그녀가 또 나를 쾅 때렸다. 나는 재빨리 도로를 건넜다. 그 여자가 따라왔다. 나는 허둥대느라 복숭아 통조림을 떨어뜨리면서도 미친 듯이 달렸고, 그녀는 알아들을 수 없는 말을 큰 소리로 떠들어 대며 나를 쫓아왔다. (……) 그 후로 몇 주 동안 내 흰 어깨에는 시커먼 멍이 들어 있었다. 그 미친 여자의 우산과 같은 색깔이었다. 마치 우산이 자신의 일부를, 부러진 날개 깃털 하나를 남긴 것 같았다.

데리다가 우산이 여성적인 사물인 동시에 남근을 상징한다고 말한 것처럼, 우산은 무기이자 방패로 사용될 수 있다. 펼친 우산은 햇빛이나 비를 막아 줄 뿐만 아니라 총알을 비롯한 기타 발사체를 막기도 한다. 유명 지도자 중 최소 두 명이 자신을 보호하기 위해 강화 우산을 사용했다. 빅토리아 여왕은 암살 시도가 있은 후 작은 쇠사슬을 엮은 갑옷으로 안을 채운 양산을 여러 개 소지했다. 니콜라 사르코지 프랑스 대통령은 2011년, 1000파운드를 들여 케블러(내열성 섬유―옮긴이)를 입힌 우산을 만들어 자신을 보호할 경호원이 들도록 했다. 이 우산은 경호원들이 탁자를 부술 수 있을 정도로 튼튼했다.

식민지 인도에서 전해 내려오는 한 일화는 더욱 기이하다. 윌리엄 생스터가 전하는 이 일화에서 우산은 상당히 독특한 방식으로 보호 장비로 사용된다.

편안한 소풍을 즐기러 나온 사람들이 소풍 장소에 모였을 때 초대받지 않은 예상 밖의 손님이 나타났다. 커다란 벵골 호랑이였다. 사람들은 안전한 곳을 찾아 달아나며 정글 서식자 근처에는 얼씬도 하지 않았지만, 내면에서 샘솟은 용기 때문이었든지 저녁 식사를 빼앗길까 봐 두려웠든지 한 여인이 우산을 집어 들더니 갈색 커리를 탐내는 듯한 표정으로 바라보고 있던 호랑이를 향해 펼쳐들었다. 깜짝 놀란 호랑이는 꼬리를 돌리더니 달아나 버렸고, 여인은 저녁 식사를 지켰다.

분명 스스로의 목숨도 지켰을 것이다.

존 F. 케네디 전 미국 대통령이 1963년 11월 22일 총에 맞기 직전에 등장한 한 우산은 오늘날까지도 숱한 음모론을 낳고 있다. 대통령이 탄 차량을 향해 총알이 발사되기 직전 "엄브렐러 맨"이라 불리는 루이 스티븐 위트가 우산을 들고 있는 모습이 영상에 잡혔다. 영상에서 엄브렐러 맨을 가장 먼저 찾아낸 조사이아 "팅크" 톰프슨Josiah "Tink" Thompson은 1967년에 출간한 《댈러스의 6초: 케네디 암살에 관한 밀착 연구Six Seconds in Dallas: A Micro-Study of the Kennedy Assassination》에서 위트와 그의 우산을 언급했다. 청명한 날에 발생한 일임을 감안할 때, 어떠한 종류가 되었든 우산을 들고 있는 사람은 위트뿐이었으므로 이를 둘러싼 음모론은 더욱 증폭되었다. 우산 자체가 케네디의 목을 겨냥한 치명적인 무기였다는 주장도 있고, 우산을 올리고 내리는 것이 암살자에게 보내는 일종의 신호였다는 주장도 있었다.

존 업다이크John Updike는 1967년 12월 《뉴요커The New Yoker》에서 톰프슨의 책에 관해 이렇게 말했다.

[엄브렐러 맨은] 일종의 페티시처럼 역사의 목에서 달랑거린다. (……) 우리는 여기에 진짜 미스터리가 숨어 있는지, 아니

면 극미한 시간과 공간을 철저히 조사하는 과정에서 비슷한 기이함(정황에 따라 발견되는 공백, 모순, 왜곡, 거품)이 발생한 것인지 궁금할 뿐이다.

톰프슨은 자신의 책이 지닌 미시 분석적인 특징에도 불구하고 업다이크의 말에 동의하는 듯하다. 에롤 모리스^{Errol Morris} 감독의 2011년 단편 영화 〈엄브렐러 맨은 누구인가?^{Who Was the Umbrella Man?}〉에서 톰프슨은 위트가 1978년 케네디 대통령 암살 조사 특별위원회에서 한 진술을 믿는다고 말한다. 위트는 그의 검은색 우산은 존 F. 케네디가 아니라 그의 아버지 조지프 P. 케네디를 향한 저항의 의미로 든 것이라고 주장했다. 조지프 P. 케네디는 영국 대사로서 나치 치하 독일을 향해 유화 정책을 고수한 네빌 체임벌린을 지지한 적이 있다. 톰프슨은 다음과 같이 말한다. "저는 그 진술을 읽고 생각했죠. 참으로 별난 얘기라 사실일 수밖에 없겠다고요!"

체임벌린의 우산이 지닌 상징성은 1963년에 거의 잊히고 말았지만, 우산의 관점에서만 본다면 위트의 설명은 사실임이 분명하다. 하지만 이 영상이 게시된 유튜브 페이지에 달린 수백 개의 댓글은 이와는 다른 의견을 보이고 있으며, 50년도 더 지난 지금까지도 위트의 우산은 온갖 추측과 관심을 자아내고 있다.

우산은 무언가를 숨기기 쉬운 장소이기도 하다. 만화가 에르제Hergé의 〈땡땡Tintin〉 시리즈 중 하나인 《해바라기 사건The Calculus Affair》(1956)에서 해바라기 박사는 유리를 부수는 음속 장치를 개발하면서 이 장치가 무기로 악용되지 않을까 걱정한다. 그는 조언을 구하러 동료와 함께 스위스로 향하지만 도중에 유괴되고, 땡땡과 아독 선장은 추격을 시작한다. 추격 도중 그들은 우연히 교수가 늘 들고 다니는 우산을 발견하고, 땡땡의 애완견 스노위가 모험 내내 충실하게 그 우산을 물고 다닌다. 그들이 해바라기 박사를 도중에 가로챘을 때 그가 처음으로 안부를 물은 대상은 "내 우산! 내 우산!"이다. 그 후 그는 다시 유괴되며 휙 사라진다.

그들은 교수를 구하기 직전 우산을 잃어버리고, 탱크와 총성이 난무하는 가운데 추격전이 벌어진다. 해바라기 박사는 죽음이 목전에 있다는 사실도 아랑곳없이 그들을 향해 외친다. "내 우산! 내 우산은 찾았소?" 아독 선장은 훈계하듯 말한다. "따개비처럼 지독하기도 하지. 지금 우산이나 걱정할 때요?" 하지만 결국 교수는 우산을 찾고, 문학 역사상 인간과 우산의 재회 중 가장 눈물겨운 장면이 연출된다. 해바라기 박사는 우산을 껴안으며 외친다. "내 우산! 내 작은 우산! 마침내 널 찾았구나!" 해바라기 박사가 발명품의 도안을 우산 손잡이 안에 숨겨 둔 사실이 밝혀지면서 그가 그토록 우산을 찾은 이유가 비로소 모두에게 설명된다.

지금까지 살펴본 우산들은 해그리드의 지팡이와 펭귄(그리고 엄브렐러 맨)의 우산을 제외하고는 본래의 용도를 뛰어넘어 사용된 꽤 평범한 사례들이다. 하지만 작가(또는 환각제)가 만들어 낸 상상 속 용도로서의 우산은 그렇지 않다. 시몬 드 보부아르^{Simone de Beauvoir}는 《계약결혼^{The Prime of Life}》(1960)에서 장 폴 사르트르^{Jean-Paul Sartre}가 메스칼린을 처음 접한 경험에 대해 다음과 같이 말하는데, 묘하게도 우산이 한두 개 등장한다.

그날 오후, 약속대로 나는 사르트르에게 전화를 걸었다. 그는 흐리멍덩하게 잠긴 목소리로 내 전화 덕분에 거의 질 뻔한 아귀와의 싸움에서 살았다고 말했다. (……) 그는 정확히 말하면 환각에 빠지지는 않았으나, 그의 눈에는 사물들이 가장 끔찍한 방식으로 모습을 바꾼 것처럼 보이는 듯했다. 우산은 독수리가 되었고, 신발은 해골이 되었으며, 얼굴은 괴물 같은 형상으로 바뀌었다. 또 흘깃 뒤를 보니 게와 히드라를 비롯해 일그러진 것들이 떼 지어 다녔다.

이 같은 말도 안 되는 상상은 세라 페리의 《에식스의 뱀》에도 등장한다. 처음에는 젊은 여인이 "우산처럼 날개를 접은 채 똬리를 튼" 것 같은 거대한 뱀을 볼 때, 나중에는 아주 거대한 바다 생명체의 사체가 해안가로 쓸려 올 때다.

척추를 따라서 하나 있는 지느러미의 남은 부분이 보였다. 우산살처럼 툭 뛰어나와 있는 그것 사이로 부서진 세포막의 잔해가 흩뿌려진 채 동풍 속에서 말라 갔다.

G. H. 로드웰의 《우산 회고록》에서 우리는 상당히 초월적인

《우산 회고록》에 등장하는 우산 요괴.

존재로서의 우산을 보게 된다. 앞서 언급한 것처럼 이 우산은 사물로서의 지위를 너무 쉽게 뛰어넘어 지각을 갖춘 데다, 빅토리아시대의 전형적인 복잡성이 담긴 이야기를 자기만의 관점에서 서술하기까지 한다. 이 우산은(이 책에서 우산의 성을 분명히 밝혔기 때문에 '그'라고 해야 할지도 모르겠다) 주인이 잃어버리거나, 빌려주거나, 주인에게 잊히거나, 이 인물에서 저 인물로 옮겨 다니면서 "이곳에서 펼쳐지고, 저곳에서 내려지고, 마부석에서 떨어지고, 빨래집게에 걸린다". 그의 주장처럼 이 온갖 경험을 거친 우산보다 더 나은 관점을 지니는 사물이 어디 있을까?

차갑고 축축한 상태로 하인의 복도에 펼쳐져 있든, 잘 마르고 아늑한 상태로 집사의 방에 놓여 있든, 행복한 연인의 머리를 부러운 듯 내려다보든, 고귀한 E. B의 팔 아래 껴 있든 우산은 인간의 특징을 관찰하기 좋은 위치에 있다.

우산의 주장에 따르면 이는 쉽게 얻게 되는 관점은 아니다.

우산보다 노예에 가까운 사물은 없다! 폭군 같은 주인은 한순간 우리를 하늘 높이 들어 올린 뒤 곧바로 진창에 처박을 것이다! 우리에게도 해를 보는 날이 있지만 이는 "흔치 않다". 어쩌면 해가 뜨는 날이 적을수록 우리에게는 좋다. 우리는 안 좋은 날씨에 가장 적합하기 때문이다. 안 좋은 날이면 다른 것들은 잔뜩 웅크리지만 우산은 드높이 올라간다.

한곳에서 다른 곳으로 이동하기 위해서는 온전히 인간에게 의존해야 하지만 이 우산에는 자기만의 감정과 희망, 욕망이 있다. 이 우산은 모든 활동에서 제외되는 상황에 종종 화를 낸다. "내가 정말 화나는 점은 머물고 싶은 딱 그 순간에 옮겨진다는 것이다." 그는 "불쌍한 우산도 이것을 느끼는데 왜 피와 살로 된 그들은 느끼지 못하는가"라며 궁금해하기도 한다. 우산은 움직일 수 없지만 "나의 실크가 떨리기 시작했다" 또는 "그 이름이 내 고래수염을 따라 진동했다"처럼 자신의 감정을 실감 나게 묘사하기

《우산 회고록》의 화자.

도 한다. 게다가 노예 취급을 받는다고 말하기는 했으나 우산은
자신이 쓰이는 순간을 기뻐한다.

우리가 뉴 로드에 간신히 도착하자 비가 오기 시작했다. 많은
양은 아니었으나 내가 보기에 나를 쓸 만큼은 왔다. (……) 비
는 갑자기 내리기 시작한 것처럼 갑자기 그쳤고, 나는 내려졌
다. 나는 더 이상 중요하지 않은 기분이었다.

《우산 회고록》을 쓴 작가는 독자가 끝까지 책을 읽을 만큼 충분히 매력적인 작품을 만들었지만, 화자가 우산이라는 설정은 아무래도 쉽게 받아들이기 어려울 것이다. 그렇기는 하지만 지각 있는 우산이 절판된 19세기 소설이나 우산 귀신에만 등장하지는 않는다. 일본 시인 요사 부손은 두 무생물의 지각력이 유쾌한 반전을 선사하는 하이쿠를 짓기도 했다.

봄비 내리네

지나가며 서로 이야기를 나누는

우비와 우산.

영국 시인 데니즈 라일리Denise Riley는 〈크라스노예 셀로Krasnoye Selo〉라는 시에서 우산을 "들고 다니면서" 일상적인 업무를 보는 사람과 그가 들고 다니는 우산을 노래한다. 이 시의 숨 막힐 듯한 반전은 중심이 되는 것이 자유 의지를 지닌 우산이라는 점으로, 이 시에서 개인은 그저 우산을 든 사람으로만 그려진다. 통치자의 머리 위로 우산을 들고 있는 그리스나 이집트 노예와 다를 바 없다.

우산의 초월성은 사람과 우산 사이에서 일어날 때 가장 극적인 형태를 띠는데, 윌 셀프는 이 분야의 대가라 할 수 있다. 그의 책《우산》에서 기술 시대의 불안을 상징하는 대표적 인물인 오드리는 이 극적인 변화를 한 번도 아니고 두 번이나 겪는다. 첫 번째 변화는 뇌염이 영구적으로 재발하기 직전에 찾아온다. 갑자기 불어닥친 바람에 오드리의 팔은

저 높이 날아가 버린다. 우산살에서 풀려 덜커덩거리다가 스스로 뒤로 접힌다. 고정된 중심축이 휘었다가 갑자기 움직이듯 (……) 스타킹이 경직된 다리에 반쯤 말려 내려가고, 낡은 가죽 부츠에 들어 있던 손잡이는 지하 저장고 쇠창살을 따라 달가닥거린다.

우산과 그녀가 일시적으로 동일화되는 이 장면은 다분히 암시적이다. 오드리는 곧 부러진 우산처럼 버려진 뒤 잊힐 것이기 때문이다. 그녀는 그 누구도 이해하거나 치료할 수 없는 병에 걸려 여생을 정신병원에 갇힌 채 보내게 된다.

하지만 윌 셀프가 인간과 우산이 서로를 넘나드는 이 세계를 독점한 것은 아니다. 패트릭 화이트Patrick White의 1961년 소설《전차를 모는 기수들Riders in the Chariot》에서 '헤어'라는 인물은 이와 비

숫하지만 보다 미묘한 변화를 겪는다. 소설 속 네 명의 "예지자" 중 한 명인 헤어는 경계와 일시적인 분계선에서 탄생한 생명체다. 소설의 도입부에서 지나가듯 언급되는 이 묘사는 그녀의 캐릭터가 지닌 초월적인 성격을 가장 잘 보여 준다.

헤어 양은 우체국에서 나와 촉촉한 쐐기풀 냄새를 맡으며 원반처럼 동그란 태양을 따라 계속해서 걸어갔다. 여물기 시작한 진주알 같은 빛살, 어린 양의 솜털 같은 아침이 새 천년의 시작을 약속했지만 고드볼드 가족이 살고 있는 헛간과 길 사이에는 다 타 버린 블랙베리 덤불이 녹이 슨 채로 휘감겨 있었고, 이는 적이 철수하지 않았을지도 모른다는 사실을 암시했다. 헤어 양이 그곳을 지나가자 스커트 주름에 철조망 몇 가닥이 들러붙더니 스커트를 점점 팽팽히 잡아당겼다. 결국 그녀의 뒷모습은 반은 여자, 반은 우산처럼 활짝 펼쳐졌다.

종장 | 우산이 없다면

2012년에서 2013년 사이, 런던의 바비칸 센터^{Barbican Centre}에는 비가 내렸다. 랜덤 인터내셔널^{Random International}이라는 아티스트 그룹으로 활동하는 하네스 코호^{Hannes Koch}, 플로리안 오트크라스^{Florian Ortkrass}, 스튜어트 우드^{Stuart Wood}는 100제곱미터에 달하는 바비칸 센터의 커브 갤러리^{Curve gallery}를 폭우가 내리는 공간으로 바꾸어 버렸다. 〈레인 룸^{Rain Room}〉이라는 제목의 이 설치 작품은 무료로 관람이 가능했고, 입장하려면 여덟 시간이나 기다려야 할 정도로 엄청난 인기를 끌면서 그해 말 뉴욕 현대미술관에 전시되기도 했다.

장대비의 모습과 소리, 습도를 그대로 재현해 실내에서 비가 내리도록 만든 것 자체만으로도 대단하지만, 〈레인 룸〉은 거기서 한발 더 나아가 스프링클러에 설치된 첨단 센서가 그 아래 위치한 사람의 존재를 감지해 비를 멈추게 함으로써 전시장 안을 돌

옆쪽: 〈레인 룸〉, 바비칸 센터, 런던(2012-2013).

아다니는 관람객의 몸이 젖지 않도록 했다. 물론 아이들이 뛰듯 갑자기 움직일 경우 센서가 감지하기 못하기 때문에 천천히 걸어야 한다.

　보호 장비 없이 보호받는 경험은 실로 입이 딱 벌어지는 동시에 다소 기이한 느낌을 선사한다. 관람객은 비가 내리는 공간의 가장자리에 선 채 손을 뻗어 비를 만져 보지만 아무것도 느끼지 못한다. 전시장을 돌아다니는 경험은 비 오는 날 우산을 쓰고 걷는 느낌과 크게 다르지 않다. 비가 더 가까이에 있으나 만질 수 없고 빗방울에 손이 닿지 않는다는 점만 다르다. 관람객을 젖지 않게 하는 것, 즉 관람객과 젖음 사이에 놓인 유일한 존재는 관람객 자신뿐이다. "그러므로 우리가 우리의 우산이다"라는 존 던의 말이 물리적으로 구현된 것이다. 관람객은 단순히 존재함으로써 자신이 스스로를 둘러싸고 보호하고 있음을 서서히 깨닫게 된다.

　자신의 물리성을 상기시키는 이 장치가 자아내는 효과는 매우 강력하다. 관람객은 숭배 받던 왕이나 그들의 우산이 상징하던 안전망을 떠올리게 된다. 오늘날에는 보호받고 있다는, 안전하다는 기분을 느끼기가 쉽지 않기 때문에 작은 갤러리를 걷는 20여 분 동안 자신 안에 형성되는 소우주 내에서 피난처를 발견하는 경험은 아찔하고도 강렬하다.

비는 인류가 탄생한 이래로 인간과 함께했다. 우리는 수십만 년간 비로부터 우리 자신을 보호하기 위해 주위 환경과 우리가 입는 옷, 또는 피난처나 도시를 바꿔 왔다. 과학자들은 우리의 신체가 비에 반응해 진화했다고 주장한다. 오랫동안 물속에 있을 때 손가락 끝에 생기는 말린 자두 같은 주름은 인류의 조상이 안 좋은 날씨에 나무를 오르는 동안 미끄러운 나뭇가지를 움켜쥐는 데 도움이 되었다. 비는 우리가 주위 세상을 통제할 수 없으며 그곳에 속할 뿐이라는 사실을 일상적으로 상기시켜 주곤 한다.

〈레인 룸〉의 아름다움과 경의(부드럽게 내려앉는 장대비 소리, 어두운 곡선형 공간에서 흰색 빛이 사선으로 폭우를 가르는 모습)에 감탄하는 것도 잠시, 이 빗속에서도 몸이 젖지 않는 경험은 관람객과 세상을 단절시킨다. 형태는 있지만 주위 환경에 영향을 미칠 수도, 이 환경과 소통할 수도 없는 유령이 된 것만 같은 불안한 느낌이 드는 것이다.

이는 우산이 주위 환경을 통제하는 수단이기 때문이다. 우산은 선택의 결과이며 환경에의 개입이다. 우산을 쓴다는 것은 "저는 젖지 않는 쪽을 택할게요"라고 말하는 행위인 것이다.

그렇기는 하지만 우산은 보통 우리의 관심 밖에 있는 사물이다. 비가 오거나 태양이 강하게 내리쬘 때를 제외하고는 쓸모가 없기에 보통 잊히곤 한다. 우리가 우산의 존재를 가장 잘 알아채는 순간은 우산을 두고 왔을 때, 즉 자신과 하늘 사이에 개입할 수 없을 때다.

이는 보통 안 좋은 상황으로 여겨진다. 마지막으로 윌 셀프의 《우산》으로 돌아가 보자. 재커리 버스너 박사의 정신 상태는 빗속에서 물리적인 보호를 받지 못하는 순간 더욱 불안정해진다.

내가 방송에 나오는 말쑥한 사람이라면 우산을 가져왔겠지,
그는 이렇게 생각한다. 하지만 그는 말쑥한 사람도 아니고 방
송에 나오지도 않아서 스포츠 코트는 흠뻑 젖고 회색 플란넬
바지는 짙은 회색이 된 상태로 등을 구부린 채 도착한다.

토머스 하디Thomas Hardy의 단편 〈세 이방인Three Strangers〉(1883)에 등장하는 우산도 안 좋은 상황을 묘사할 때 언급된다. 이 소설에서 세 이방인은 모두 바람이 거센 날 야생에 버려진 외딴집에서 피난처를 찾는다.

폭우가 벽, 경사지, 울타리를 내리쳤다. (……) 가시나무 위에
앉아 쉬려던 작은 새의 꼬리가 우산처럼 안이 뒤집혔다.

(우산처럼 안이 뒤집힌) 새의 꼬리는 그들이 언급하는 피난처가 세 인물 모두에게 완전하지 않음을 강조하는 하나의 장치로 사용된다.

하지만 우산이 없는 것이 늘 그렇게 안 좋기만 할까? 허먼 멜빌Herman Melville의 《모비딕Moby-Dick》(1851)에서 주인공의 우산 없음은 용기의 상징으로 그려진다. "기이할" 수 있지만 그럼에도 강인한 모습이다.

> 그렇다. 그가 바로 (……) 저 유명한 매플 목사이다. 그도 젊었을 때는 선원이요 작살잡이였지만, 오래전 성직에 몸을 던졌다. 내가 그를 처음 만났을 당시 매플 목사는 인생의 겨울에 접어들었지만 추위를 잘 견디는 건강한 노인으로 (……) 매플 목사의 내력을 들은 적이 있는 사람은 누구나 그를 처음 보면 강한 흥미를 느끼지 않을 수 없었다. 젊은 시절 바다에서 모험으로 가득한 생활을 한 이력에 성직 생활을 접목시킨 그에게서는 독특한 분위기가 풍겼다. 그가 들어왔을 때 나는 그가 우산도 없이, 마차도 타지 않고 왔음을 알아차렸다. 방수모에서 진눈깨비 녹은 물이 흘러내리고, 헐렁한 선원용 외투가 물 먹은 무게 때문에 그를 마룻바닥 쪽으로 끌어내리고 있는 듯이

보였다.

우산을 함께 쓰는 데서 생기는 에로틱한 감정을 그린 작품은 넘쳐나지만, 우산을 쓰지 않음에서 발생하는 에로틱한 감정을 묘사한 작품은 그렇게 많지 않다. 가와카미 히로미川上弘美의《나카노 네 고만물상古道具 中野商店》(2005)을 보면 비에 흠뻑 젖은 다케오의 피부를 주시하는 주인공의 모습에서 그를 향한 애정이 느껴진다.

[다케오는] 우산 없이 나갔다 온 참이었다. 돌아왔을 때 그는 흠뻑 젖어 있었다. 나카노 씨는 그에게 수건을 던져 주었다. (……) 강한 비 냄새가 다케오의 몸에서 퍼져 나왔다.

나에게도 우산과 관련된 기억이 있다. 정확히 말하면 우산이 없었던 경험이다. 2010년 여름, 브리즈번에서였다. 친구와 함께 카페에 앉아 있었는데 뜨거운 하늘 아래로 끈적끈적했던 공기가 서서히 물러나더니 어두운 보랏빛 구름과 함께 서늘한 칼바람이 불어왔다. 시끄럽게 울던 매미들도 돌연 조용해졌다. 멀리서 들리던 우르릉 소리가 가까워지더니 쾅 하면서 번개가 번쩍였다. 계산을 할 때쯤에는 하늘이 더욱 요란하게 으르렁거리고 있었다.

처음에는 몇 방울씩 떨어지던 빗방울이 점차 폭우로 변했다. 도로 위로 쏟아져 내린 비는 배수로를 따라 홍수를 이루었고, 세찬 비바람에 나무가 흔들렸다. 우리는 건물 밖으로 나와 그 풍경 안으로 들어갔다. 나는 약속 시간에 이미 늦은 데다 친구의 집에 차를 주차해 둔 상태여서 그칠 때까지 기다릴 수 없었다. 우리는 하는 수 없이 이 나무에서 저 나무로 달렸다. 그러다가 비가 머리와 얼굴을 강타하면서 순식간에 옷이 젖자 우리는 비 피하기를 포기하고 걷기 시작했다. 비에 흠딱 젖자 이루 말할 수 없이 기분이 좋았다. 우산의 가능성을 초월한 경험이었다. 우리에게 우산이 있었더라면 그 같은 경험은 하지 못했을 것이다.

이상하게 들릴지 모르겠지만, 내가 이 책을 쓴 이유는 최근까지 우산을 쓰는 것을 좋아하지 않았기 때문이다. 나는 비 맞기를 개의치 않았다. 몸은 비에 맞지 않지만 발목은 축축하게 젖는 것보다는, 또는 다른 사람과 우산을 함께 쓰며 종종걸음으로 어색하게 걷기보다는 그냥 온몸이 흠뻑 젖는 편이 나았다. 그건 따뜻한 곳에서 어린 시절을 보낸 탓일 것이다. 나는 폐렴에 걸릴 염려 없이 바깥 공기를 듬뿍 마시며 뛰놀 수 있는 습한 곳에서 자랐다.

하지만 우산은 늘 내가 좋아하는 사물이었다. 나는 우산의 우아한 형태와 기능, 망가진 우산의 애처롭지만 다정한 모습을 좋아한다. 이 책을 쓰는 가운데 온갖 자료를 통해, 그리고 런던 거리 곳곳에서 더 많은 우산을 접할수록 나는 우산에 더욱 감사하게 되었다. 부슬부슬 비가 내리는 한기 속에서 안락함을 제공해주고, 온갖 작품에 수많은 상징과 문화적 다양성을 부여하며, 비를 맞겠다고 생각하는 순간에 겸손하게 개입하는 우산을 어찌 사랑하지 않을 수 있겠는가.

감사의 글

아이를 키우는 데 한 마을이 필요하다면 이 책이 출간되기까지는 여러 대륙의 수많은 친구와 가족, 출판 관계자의 도움이 필요했다. 지난 몇 년 동안 나와 내 원고를 지지해 준 수많은 이에게 진심으로 감사한 마음이다.

이 책을 가장 먼저 읽어 준 질리언 랭킨, 피터 랭킨, 제이크 머리에게 특히 감사를 전한다. 그들은 어설픈 원고를 매주 진심 어린 태도로 읽어 주며 격려도 잊지 않았다.

그다음으로 내 원고를 읽어 준 샐리 몰리, 에이미 오스틴, 필 왈쉬, 레이철 워커에게도 감사를 표한다. 그들의 제안과 손수 적은 메모, 직접 만든 요리는 나에게 큰 힘이 되었다.

출판과 관련해 아낌없는 조언과 피드백을 제공해 준 조너선 루핀을 비롯해 멜빌하우스의 편집, 디자인, 출간 담당자들에게도 감사를 전한다. 특히 데니스 존슨과 발레리 메리언, 니키 그리피스, 수전 렐라, 나의 편집자(이자 늘 도움이 되는 사려 깊은 꼼꼼한 독자이기도 한) 라이언 해링턴과 디자이너 마리나 드럭먼에게 감사한 마음을 전하고 싶다. 그의 손에서 나의 허접한 워드 문서는 매력적인 책으로 재탄생했다.

사랑하는 남편 제이크에게도 감사를 전한다. 그는 작업을 자꾸 미루려는 게으른 나를 책상 앞에 앉혀 놓을 수 있는 유일한 사람이다.

자신들이 가장 좋아하는 우산 이야기와 사진, 예술 작품, 음악, 영화, 문학 작품을 공유해 준 친구와 가족, 동료 들에게도 감사를 전한다.

마지막으로 비록 지금은 이 세상에 없지만 큰 도움을 준 바이디에게 감사를 전한다. 그의 도움이 없었더라면 이 같은 멋진 일들은 결코 일어날 수 없었을 것이다.

그림 및 사진 출처

Image 1: Woman sits with parasol
Unattributed illustration in *The Sphere*, June 11, 1927. Copyright
Illustrated London News Ltd/Mary Evans Picture Library.

**Image 2: Advertisement for the London Underground, 1929
(colour litho)**
Manner (fl.1920s). Private Collection, DaTo Images/Bridgeman Images.

Image 3: Bijutsu Kai [Ocean of Art]
Vol. 1, 1904, woodblock print. Courtesy Special Collections Division,
Newark Public Library, Newark, NJ.

Image 4: Advertisement for Fox's Umbrellas, 1901
Advertisement in *The Illustrated London News*, January 12, 1901, and
September 7, 1901. Copyright Illustrated London News Ltd/Mary
Evans Picture Library.

Image 5: Fresco from the Gupta Empire
Ajanta fresco paintings second century b.c.e. to sixth century C.E.
Reprinted from https://en.wikipedia.org/wiki/Umbrella#/media/File:

Ajanta_Paintings.jpg.

Image 6: Ornamental State Umbrella, with Silver Handle, India
Print, 1851, from Art & Picture Collection, New York Public Library, Astor, Lenox and Tilden Foundations.

Image 7: Caricature of Prince George, Duke of Cambridge
Cartoon by Alfred Bryan, *The Entr'Acte*, July 16, 1881. Copyright Terry Parker/Mary Evans Picture Library.

Image 8: Umbrellas in The Pen Shoppe, Brisbane
Photo by author.

Image 9: Hanway's Umbrella
Engraving by an unnamed artist. From Mary Evans Picture Library.

Image 10: Sarah Gamp
Illustration by KYD—Joseph Clayton Clarke in the 1880s. From Mary Evans Picture Library.

Image 11: Sky-Striker and Shield-Bearer
Reprinted from J. S. Duncan, *Hints to the Bearers of Walking Sticks and Umbrellas* (London: J. Murray, 1809).

Image 12: Inverter and Mud-Scooper
Reprinted from J. S. Duncan, *Hints to the Bearers of Walking Sticks and Umbrellas* (London: J. Murray, 1809).

Image 13: Mr Tumnus and Lucy
Illustration by Pauline Baynes copyright C. S. Lewis Pte Ltd 1950, taken from *The Lion the Witch and the Wardrobe* by C. S. Lewis C. S. Lewis Pte Ltd 1950. Reprinted by permission.

Image 14: Keep Dry

Packaging, transportation and receiving symbol: keep dry. Reprinted from
https://commons.wikimedia.org/wiki/File:Keepdry.svg.

Image 15: Nut, Geb and Shu

From Wallis Budge, *Gods of the Egyptians*, vol. 2, p. 96. Reprinted from Mary
Evans Picture Library.

Image 16: Night Flight

Illustration by Pauline Baynes copyright C. S. Lewis Pte Ltd 1950, taken
from *The Lion the Witch and the Wardrobe* by C. S. Lewis copyright C. S. Lewis
Pte Ltd 1950. Reprinted by permission.

Image 17: A king's grave in Central Africa

From Mrs Fanny E. Guinness, *The New World of Central Africa. With a History
of the First Christian Mission on the Congo . . . with Maps . . . and Illustrations*
(London: Hodder & Stoughton, 1890). Courtesy of the British Library.

Image 18: Woman holding an umbrella, eighth century B.C.E.

Print, 1851, from Art & Picture Collection, New York Public Library,/Astor,
Lenox and Tilden Foundations.

Image 19: *Two Couples (Lovers)*

Woodblock print by Kitagawa Utamaro, Edo period. Courtesy of Special
Collections Division, Newark Public Library, Newark, NJ. Courtesy Special
Collections Division, Newark Public Library.

Image 20: Umbrella jump

Suzuki Harunobu, 1725–1770, *Young Woman Jumping from the Kiyomizu Temple
Balcony with an Umbrella as a Parachute*, Edo period, 1765 (Meiwa 2). Photograph
copyright 2017 Museum of Fine Arts, Boston.

Image 21: *Correspondence of Rajomon*
Suzuki Harunobu, *Correspondence of Rajomon*, 1770. From Mary Evans Picture Library/Library of Congress.

Image 22: A procession of suffragists
Postcard published by Miller & Land. Copyright The March of the Women Collection / Mary Evans Picture Library.

Image 23: Sunshades for 1909
Illustration in *The Throne and Country*, vol. 4, May 15, 1909, p. 322. From Mary Evans Picture Library.

Image 24: *Travelers in the snow*
Woodblock print by Katsushika Hokusai, Edo period. Special Collections Division, Newark Public Library, Newark, NJ. Courtesy Special Collections Division, Newark Public Library.

Image 25: Robinson Crusoe
Unattributed engraving from Mary Evans Picture Library.

Image 26: Hemlock, or poison parsley
Illustration by Mabel E. Step, in Frederick Step, *Wayside and Woodland Blossoms*, p. 85. From Mary Evans Picture Library.

Image 27: Parasol interior
Photo by author.

Image 28: I think this one exploded?
Photo by author.

Image 29: Flower behind the ear, Liverpool
Photo by author.

Image 30: Gutter monster, London

Photo by author.

Image 31: Broken blossom

Photo by author.

Image 32: Dalek

Photo by author.

Image 33: Mr Liston as Paul Pry

Appleton, William Worthen, Mr. Liston as Paul Pry. Collection of theatrical correspondence and ephemera/Series II: Portraits/Sub-series 2—Twopence coloured, n.d. Print. Billy Rose Theatre Division, New York Public Library for the Performing Arts, Astor, Lenox and Tilden Foundations.

Image 34: Umbrella ghost

Utagawa Toyokuni, the actor Arashi Sangoró III as an umbrella ghost, photo. Copyright Herbert Boswank. Reproduced with permission, Kupferstich-Kabinett, Staatliche Kunstsammlungen, Dresden.

Image 35: Poster advertising "Revel" umbrellas, 1922 (colour litho) Cappiello, Leonetto (1875–1942), Private Collection. Copyright Ackermann Kunstverlag/Bridgeman Images.

Image 36: Umbrellas in Melbourne's former GPO Building

When on a Winter's Day a Traveller, installation by Matej Andraž Vogrinčič, 2005. Photo copyright Hyland Leslie Harvey. Reproduced with permission.

Image 37: Garnerin's parachute

Published by G. Thompson, Long Lane, West Smithfield, London.

Copyright The Royal Aeronautical Society (National Aerospace Library)/ Mary Evans Picture Library.

Image 38: Parachutes (or not . . .)
Illustration by Vittorio Pisani in *La Tribuna Illustrata*, September 20, 1936. From Mary Evans Picture Library.

Image 39: Mary Poppins
Reprinted by permission from HarperCollins Publishers Ltd. Copyright 1934 P. L. Travers/Mary Shepard.

Image 40: My Umbrella!
From Hergé, *The Calculus Affair*. Reprinted by permission of Editions Casterman copyright Hergé/Moulinsart 2016.

Image 41: Umbrella sprite:
From George Herbert Rodwell, *Memoirs of an Umbrella* (London: E. MacKenzie, 1845). Illustrations by Landells, from designs by Phiz.

Image 42: The narrator
Illustrations by Landells, from designs by Phiz. From George Herbert Rodwell, *Memoirs of an Umbrella* (London: E. MacKenzie, 1845).

Image 43: Rain Room
By Random International, Curve, Barbican Centre, 2012–2013. Photo by author.

참고 자료

Agualusa, José Eduardo. *A General Theory of Oblivion*. Translated by Daniel Hahn. London: Vintage, 2016.

Atwood, Margaret. *The Blind Assassin*. 2000. Reprint. London: Virago, 2008.

Austen, Jane. *Persuasion*. 1816. Reprint. Middlesex: Penguin Books, 1965.

Barnett, Cynthia. *Rain: A Natural and Cultural History*. New York: Crown, 2015.

Beaujot, Ariel. *Victorian Fashion Accessories*. London: Berg, 2012.

Bowen, John. "Dickens's Umbrellas." In *Dickens's Style*, edited by Daniel Tyler, 26–45. Cambridge: University of Cambridge Press, 2013.

Cannadine, David. "Neville Chamberlain's Umbrella." *Prime Ministers' Props*. BBC Radio 4. London: 103–105 FM. August 10, 2016.

Carey, John. *The Violent Effigy: A Study of Dickens' Imagination*. 1973. Reprint. London: Faber & Faber, 1991.

Carver, Lou. "Top This . . . The Story of Top Hats." *Victoriana Magazine*. Accessed August 12, 2016. http://www.victoriana.com/Mens-Clothing/tophats.htm.

Chesterton, G. K. *The Innocence of Father Brown*. 1911. Reprint. London: Penguin Books, 1950.

Connelly, Charlie. *Bring Me Sunshine*. 2012. Reprint. London: Abacus, 2013.

Crawford, T. S. *A History of the Umbrella*. Devon: David & Charles, 1970.

Dahl, Roald. "The Umbrella Man." In *Collected Stories of Roald Dahl*, 796-802. London: Everyman's Library, 2006.

De Beauvoir, Simone. *The Prime of Life*. Translated by The World. 1960. Reprint. Middlesex: Penguin Books, 1965.

Defoe, Daniel. *Robinson Crusoe*. 1719. Reprint. Oxford: Oxford University Press, 1998.

De Lautréamont, Comte. *Les chants de maldorer*. Translated by Alexis Lykiard. Cambridge: Exact Change, 1994.

Derrida, Jacques. *Spurs: Nietzsche's Styles*. Translated by Barbara Harlow. Chicago: University of Chicago Press, 1979.

Dickens, Charles. *Martin Chuzzlewit*. 1843. Reprint. London: Penguin Classics, 1986.

Dickens, Charles. "Mr Minns and His Cousin." 1833. Charles Dickens Page. Accessed October 31, 2015. http://charlesdickenspage.com/mr_minns_and_his_cousin.html.

Dickens, Charles. "Please to Leave Your Umbrella." *Household Words* 17 (1858): 457–59.

Dickens, Charles "Umbrellas." *Household Words* 6 (1853): 201.

Duncan, J. S. *Hints to the Bearers of Walking Sticks and Umbrellas*. London: J. Murray, 1809.

Flaubert, Gustave. *Madame Bovary*. Translated by Geoffrey Wall. 1992. Reprint. London: Penguin Books, 2001.

Forster, E. M. *Howard's End*. 1910. Reprint. London: Penguin Classics, 2000.

Forster, E. M. *A Room with a View*. 1908. Reprint. London: Penguin Books, 1978.

Gardiner, A. G. "On Umbrella Morals." English in CCE. Accessed October 24, 2014. http://www.englishincce.in/2014/05/on-umbrella-morals.html.

Greene, Graham. *The End of the Affair*. 1951. Reprint. London: Vintage Classics, 2012.

Hardy, Thomas. "The Three Strangers." 1883. East of the Web. Accessed February 23, 2016. http://www.eastoftheweb.com/short-stories/UBooks/ThreStra.shtml.

Harshav, Benjamin. *The Meaning of Yiddish*. Berkeley: University of California Press, 1990.

Healey, Emma. *Elizabeth Is Missing*. London: Viking, 2014.

Hergé. *The Calculus Affair*. Translated by Leslie Lonsdale-Cooper and Michael Turner. 1960. Reprint. London: Egmont, 2012.

Kafka, Franz. *Amerika*. Translated by Edward Muir. New York: New Directions, 1962.

Kang, Han. *The Vegetarian*. Translated by Deborah Smith. London: Portobello Books, 2015.

Kawakami, Hiromi. *The Nakano Thrift Shop*. Translated by Allison Markin Powell. London: Portobello Books, 2016.

Kirby's Wonderful and Scientific Museum, or, Magazine of Remarkable Characters. Vol. 2. London: R.S. Kirby, 1804.

Köhler, Stephen. "Parents of Private Skies." In Julia Meech, *Rain and Snow: The Umbrella in Japanese Art*. New York: Japan Society, 1993.

Koichi, Yumoto. *Yokai Museum*. Translated by Pamela Miki Associates. Tokyo: PIE International, 2013.

Kundera, Milan. *The Unbearable Lightness of Being*. Translated by Michael Henry Heim. London: Faber and Faber, 1985.

Kureishi, Hanif. "The Umbrella." In *Collected Stories*. London: Faber and Faber, 2010.

Lewis, C. S. "It All Began with a Picture . . . " In *On Stories: And Other Essays on Literature*. Orlando: Harcourt, Inc., 1982.

Lewis, C. S. *The Lion, the Witch and the Wardrobe*. 1950. Reprint. London: Collins, 1998.

Mantel, Hilary. *The Giant, O'Brien*. London: Fourth Estate, 1998.

Meech, Julia. *Rain and Snow: The Umbrella in Japanese Art*. New York: Japan Society, 1993.

Melville, Herman. *Moby-Dick; or, The Whale*. 1851. Reprint. London: University of California Press, 1979.

Milne, A. A. *Winnie-the-Pooh*. 1926. Reprint. London: Mammoth, 1989.

Mullan, John. "Ten of the Best . . . Brolleys." *The Guardian*. September 18, 2010. Accessed March 23, 2013. https://www.theguardian.com/books /2010/sep/18/10-best-brolleys-in-literature.

Park, Ruth. *The Harp in the South*. 1948. Reprint. London: Penguin Classics, 2001.

Perry, Sarah. *The Essex Serpent*. London: Serpent's Tail, 2016.

Poole, John. *Paul Pry: A Comedy, In Three Acts*. New York: E. M. Morden, 1827.

Ray, Man. *L'Enigme d'Isidore Ducasse*. Tate exhibit 1972. Accessed September 29, 2016. http://www.tate.org.uk/art/artworks/man-ray-lenigme-disidore-ducasse-t07957.

Riley, Denise. "Krasnoye Selo." In *Say Something Back*. London: Picador, 2016.

Rodgers, Nigel. *The Umbrella Unfurled: Its Remarkable Life and Times*. London: Bene Factum, 2013.

Rodwell, George Herbert. *Memoirs of an Umbrella*. London: E. MacKenzie, 1845.

Rowling, J. K. *Harry Potter and the Philosopher's Stone*. 1996. Reprint. London: Bloomsbury, 2001.

Ruhl, Sarah. *100 Essays I Don't Have Time to Write*. New York: Farrar, Straus and Giroux, 2014.

Sangster, William. *Umbrellas and Their History*. 1855. Reprint. Editora Griffo, 2015.

Self, Will. *Umbrella*. London: Bloomsbury, 2012.

Sewell, Brian. *The White Umbrella*. London: Quartet, 2015.

Shaw, George Bernard. *Pygmalion: A Romance in Five Acts*. 1913. London: Penguin Classics, 2000.

Shorter Oxford English Dictionary. 6th edition. 2 vols. Oxford: Oxford University Press, 2007.

Solomon, Matthew. "Introduction." In *Fantastic Voyages of the Cinematic Imagination: George Melies's Trip to the Moon*, edited by Matthew Solomon, 1–24. New York: State University of New York Press, 2011.

Stevenson, Robert Louis. "The Philosophy of Umbrellas." 1894. In *Quotidiana*. Edited by Patrick Madden. March 24, 2007. Accessed November 1, 2013. http://essays.quotidiana.org/stevenson/philosophy_of_umbrellas.

Travers, P. L. "Mary Poppins." In *The Mary Poppins Omnibus*, 11–222. Leicester: Carnival, 1999.

Turfa, Jean M. "Parasols in Etruscan Art." *Notes in the History of Art* 18, vol. 2 (1999): 15–24.

Uzanne, Octave. *The Sunshade, the Glove, the Muff*. London: J. C. Nimmo and Bain, 1883.

Watson, Norman. "Text and Imagery in Suffrage Propaganda." 2007. Scottish Word and Image Group. Accessed February 7, 2017. http: //www.scottishwordimage.org/debatingdifference/WATSON.pdf.

옮긴이 **이지민**

책을 읽고 글을 쓰는 일을 하고 싶어 5년 동안 다닌 직장을 그만두고 번역가가 되었다. 고려대학교에서 건축공학을, 이화여자대학교 통번역대학원에서 번역을 공부했다. 현재는 뉴욕에서 두 아이를 키우며 번역을 하고 있으며 번역 에이전시 엔터스코리아와도 작업하고 있다. 《마이 시스터즈 키퍼》,《망각에 관한 일반론》,《아트 하이딩 인 뉴욕》,《홀로서기 심리학》,《가와시마 요시코》,《호기심의 탄생》 등 50권가량의 책을 우리말로 옮겼으며, 저서로는 《그래도 번역가로 살겠다면》(전자책),《어른이 되어 다시 시작하는 나의 사적인 영어 공부》(전자책)가 있다.

우산의 역사

초판 1쇄 인쇄 2021년 8월 20일
초판 1쇄 발행 2021년 9월 10일

지은이 | 매리언 랭킨
옮긴이 | 이지민
발행인 | 강봉자, 김은경

펴낸곳 | (주)문학수첩
주소 | 경기도 파주시 회동길 503-1(문발동 633-4) 출판문화단지
전화 | 031-955-9088(대표번호), 9534(편집부)
팩스 | 031-955-9066
등록 | 1991년 11월 27일 제16-482호

홈페이지 | www.moonhak.co.kr
블로그 | blog.naver.com/moonhak91
이메일 | moonhak@moonhak.co.kr

ISBN 978-89-8392-866-5 03900

＊ 파본은 구매처에서 바꾸어 드립니다.